统筹基本医疗保险分档缴费机制：
城乡绩效差异与逆向选择

仇春涓　著

科学出版社

北京

内 容 简 介

我国医疗保险城乡统筹制度正在不断地推进，而在统筹改革中重要的一步就是新农合和城镇居民医疗保险的二元化制度的省级统筹。统筹过程不可能一蹴而就，本书从理论上阐述目前阶段省级统筹的基础，以城乡居民基本医疗保险的绩效差异为切入视角，为省级统筹这个阶段目标的实现，探索一个可行的过渡的模式，建立与之相匹配的普适的医疗保险筹资的精算模型。本书进一步探索分档缴费模式下统筹城乡医疗保险的逆向选择风险及其控制方式，最终实证研究医疗保险城乡统筹政策在缩小城乡参保者医疗服务利用差异的绩效，对完善医疗保险统筹提出决策建议。

本书可以作为政府部门医疗保险决策人员的参考书籍，也可以作为高校经济学、管理学、社会保障等相关专业师生教学、科研参考用书。

图书在版编目（CIP）数据

统筹基本医疗保险分档缴费机制：城乡绩效差异与逆向选择 / 仇春涓著. —北京：科学出版社，2023.11
ISBN 978-7-03-076566-6

Ⅰ. ①统… Ⅱ. ①仇… Ⅲ. ①医疗保险-保险制度-研究-中国 Ⅳ. ①F842.684

中国国家版本馆 CIP 数据核字（2023）第 189392 号

责任编辑：李 欣 范培培 / 责任校对：彭珍珍
责任印制：张 伟 / 封面设计：无极书装

科学出版社 出版
北京东黄城根北街 16 号
邮政编码：100717
http://www.sciencep.com
北京厚诚则铭印刷科技有限公司 印刷
科学出版社发行 各地新华书店经销

*

2023年11月第 一 版　开本：720×1000　1/16
2023年11月第一次印刷　印张：12 1/2
字数：252 000

定价：98.00 元
（如有印装质量问题，我社负责调换）

前　言

2009年，新型农村合作医疗部际联席会议提出要"做好新农合、城镇居民基本医疗保险的衔接，推动两项制度平稳协调发展"。由于城镇居民基本医疗保险（城居保）和新型农村合作医疗（新农合）保障制度的缴费办法和医疗待遇比较接近，城镇居民基本医疗保险和新型农村合作医疗保障制度两大板块率先统筹，然后逐渐与城镇职工医疗保险制度并轨，这是我国医疗保障体制改革的路径。本书研究的重点是统筹城乡居民基本医疗保险，也就是城镇居民基本医疗保险和新农合的统筹。在目前以县、市级统筹为主要体制安排的大环境下，原有体系运行过程中所暴露出的问题在一定程度上得到了缓和。但相对较低的统筹层次所形成的"碎片化管理"模式，也在亦步亦趋的前进过程中引发了诸多值得关注的问题。我国目前正在朝着省级统筹的目标迈进，未来城乡居民基本医疗保险必将向更高的统筹层次迈进。这个过程不可能一蹴而就，许多问题还有待深入探讨和妥善解决：统筹的理论基础究竟是什么？城乡医疗保险是否存在绩效差异。在省级统筹的可及目标下，采取什么样的有效模式能使二元的城乡医疗保障制度向一体化平稳过渡呢？统筹的核心是筹资的统筹，那么筹资的模型和保险的方案该如何设计？统筹后医疗保险是否实现了公平性？

本书研究的意义在于，从理论上阐述现阶段省级统筹的理论基础，特别是城乡居民基本医疗保险的绩效差异，为省级统筹这个阶段目标的实现，探索一个可行的实施过渡的模式，并且建立与之匹配的医疗保险筹资精算模型。从现实上论证省级统筹一制多档机制的内在驱动与外在需求，实证医疗保险筹资精算模型的普适性，为完善我国医疗保险制度提供决策依据。

本书的研究是解决统筹城乡居民基本医疗保险制度过程中，在克服目前医疗保险中碎片化管理的现象、提高统筹层次的基本背景下，可以用分档筹资的模式实现省级统筹的目标。本书分为9章。

第1章：导论部分，主要介绍研究背景与意义、研究现状、研究目标与研究内容、研究所依托的数据来源。

第2章：医疗保险对老年人群住院行为及负担的绩效评价。以中国健康与养老追踪调查（China Health and Retirement Longitudinal Study，CHARLS）2011～2012年基线调查数据为样本，对参加三种基本医疗保险的不同年龄段老年人的特征与过去一年住院情况进行描述性分析，然后从住院行为、住院费用以及住院自付费用比例三个方面进行绩效评价。其中对住院行为和费用分别建立两部模型和样本选择模型进行实证分析，得出较为一致的结果，医疗保险显著提高了老年人群的住院率和住院支出，并且城镇职工医疗保险相对于城镇居民基本医疗保险和新农合而言，提高的比例更大。对自付比例采用普通最小二乘（ordinary least squares，OLS）法进行实证，基本医疗保险显著降低了老年人群住院医疗费用的自付比例，但降低的程度根据医疗保险类型的不同而有所差异。

第3章：在全民参保的背景下，不同医疗保险项目对参保个体的健康水平的影响具有差异性。本章以个体自评健康作为健康水平的量化指标，使用CHARLS的2013年数据，将个体自评健康指标作为被解释变量，建立了有序Probit模型，实证分析了城镇居民基本医疗保险和新农合两类保险对个体健康产出的影响。模型结果显示，在老年人、慢性病患者以及女性群体中，保险项目的选择对个体的自评健康水平有显著性影响，参加城镇居民基本医疗保险的群体倾向于具有更好的健康水平。这表明在老龄化趋势严重、医疗服务成本上升的今日，我国应当加快医疗保险城乡统筹，促使城乡居民尤其是弱势群体享受到统一的医疗保险待遇。

第4章：在第3章的基础上，克服个体自评健康的主观性，使用生活质量指标（QWB）作为健康水平的量化指标，衡量医疗保险城乡绩效差异。采用CHARLS 2013年、2015年以及2018年的面板数据，选用医学领域认可度较高的生命质量指标的良好适应状态质量评估量表作为个体健康状况的评价指标。通过建立随机效应模型、固定效应模型以及双重差分和倾向得分匹配的方法来进行研究。在细分不同医疗保险以及人群的基础上进行探究，并对商业医疗保险的长短期健康绩效进行探讨。

第5章：评估城乡医疗保险对门诊服务利用的绩效差异。建立计数回归模型，分析了医疗保险对老年人群门诊医疗服务的效果评价。结论指出，基本医疗保险有效地促进了老年人群门诊服务的利用，但该效果会依据医疗保险的类型而不同。此外，本身门诊服务利用频率较高的人群（高风险人群）的效果不显著，而医疗保险对门诊服务利用较低的人群（低风险人群）的门诊服务利用的绩效显著。

第 6 章：建立省级统筹机制下城乡居民基本医疗保险分档缴费的精算模型。对城乡统筹基本医疗保险进行可行性论述，以收支平衡为基本测算出发点，以两部或者四部模型为基础，引入分档缴费后，构建得到城乡居民基本医疗保险分档筹资模型，论证模型的普适性；并且对浙江省进行了实地调研，建立了浙江省分档筹资的城乡统筹基本医疗保险方案，并测算了各档次的保费。

第 7 章：对省级统筹城乡居民基本医疗保险分档缴费模式下逆向选择风险进行分析。基于第 6 章中浙江省的实地调研数据，通过考察受访者对分档缴费的意愿和档次选择的偏好，证实了分档缴费中确实存在着逆向选择。为了分档筹资模式的长期稳定运行，需要重点考虑分档模式后的逆向选择问题。建议建立纳入慢性病史情况个人健康信息资料库，引入健康管理思想鼓励投保人主动管理健康，通过商业补充医疗保险来分散基金风险等，从而进一步完善我国城乡居民基本医疗保障体系的建设。

第 8 章：在统筹城乡医疗保险制度下，研究医疗服务利用的城乡差异。采用 2011 年和 2015 年的 CHARLS 数据，医疗保险统筹背景下，对医疗服务利用的影响以及城乡差异进行了全面的评估。结果表明：统筹城乡医疗保险在不同程度上降低了城市和农村居民门诊次数及门诊费用，农村居民的降低幅度更大。统筹城乡医疗保险对城市和农村居民在住院次数、住院医疗费用以及交通成本上没有显著效果，但从影响的方向来看，统筹医疗保险降低了城乡居民的交通成本和住院次数，对城市居民住院医疗费用变动呈负向影响，对农村居民住院医疗费用变动呈正向影响。建议：进一步深化改革统筹城乡居民基本医疗保险，提高门诊保障待遇，缩小一制多档的档次差异，激发农村居民高档选择的意愿，加快区、县公立医院，乡镇卫生院的改革。

第 9 章：本书总体结论、政策建议与进一步展望。

目 录

前言

第1章 导论 ··· 1
  1.1 研究背景与意义 ·· 1
  1.2 研究现状 ·· 2
    1.2.1 城乡医疗保险对一般人群的绩效评价研究 ························· 3
    1.2.2 城乡医疗保险对老年人群的绩效研究 ····························· 6
    1.2.3 城乡统筹医疗保险理论与筹资测算模型 ··························· 7
    1.2.4 城乡统筹分档缴费模式逆向选择及相关风险的研究 ··············· 10
    1.2.5 关于城乡医疗保险统筹政策绩效评价的相关研究 ················· 11
    1.2.6 研究述评 ·· 12
  1.3 研究目标与研究内容 ·· 13
    1.3.1 研究目标 ·· 13
    1.3.2 研究内容 ·· 14
  1.4 数据来源 ·· 16

第2章 医疗保险对老年人群住院行为及负担的绩效评价 ··················· 17
  2.1 引言 ·· 17
  2.2 数据使用与样本特征描述 ·· 17
  2.3 住院行为的实证模型 ·· 23
    2.3.1 两部模型 ·· 23
    2.3.2 样本选择模型 ·· 25
  2.4 住院费用的实证模型 ·· 26
    2.4.1 两部模型 ·· 26
    2.4.2 样本选择模型 ·· 28
  2.5 自付比例的实证模型 ·· 29

2.6 本章结论与对策建议 ··· 31
　　　　2.6.1 模型比较与结论 ··· 31
　　　　2.6.2 对策建议 ··· 32

第3章　城乡医疗保险对自评健康的影响绩效 ································· **34**
　　3.1 引言 ··· 34
　　3.2 模型简介 ·· 36
　　3.3 数据说明及变量描述 ·· 37
　　　　3.3.1 数据说明 ··· 37
　　　　3.3.2 变量描述 ··· 37
　　3.4 实证分析 ·· 40
　　3.5 本章结论与对策建议 ·· 44

第4章　基于QWB视角下城乡医疗保险健康绩效评价 ···················· **46**
　　4.1 引言 ··· 46
　　4.2 医疗保险健康绩效的理论分析 ·· 46
　　　　4.2.1 医疗保险对健康的影响机制 ·································· 47
　　　　4.2.2 医疗保险对健康影响的理论模型 ·························· 50
　　4.3 医疗保险对健康影响的实证模型-基于QWB的健康水平 ···· 52
　　　　4.3.1 数据来源 ··· 52
　　　　4.3.2 变量选取 ··· 53
　　　　4.3.3 模型设定 ··· 57
　　　　4.3.4 变量描述分析 ··· 58
　　4.4 医疗保险QWB健康绩效的实证检验与分析 ····················· 65
　　　　4.4.1 细分种类医疗保险的健康绩效的实证结果分析 ·· 65
　　　　4.4.2 商业医疗保险长短期健康绩效研究 ······················ 75
　　4.5 本章结论与对策建议 ·· 81
　　　　4.5.1 研究结论 ··· 81
　　　　4.5.2 对策建议 ··· 83

第5章　我国医疗保险对门诊服务利用的影响研究 ···························· **85**
　　5.1 引言 ··· 85
　　5.2 模型介绍 ·· 86
　　　　5.2.1 泊松和负二项模型 ··· 86

5.2.2　Hurdle模型 ············· 87
　　5.2.3　零膨胀模型 ············· 88
　　5.2.4　有限混合模型 ············ 88
5.3　数据使用与描述 ················ 89
　　5.3.1　数据使用 ··············· 89
　　5.3.2　初步描述性统计分析 ········ 90
5.4　实证结果与分析 ················ 92
　　5.4.1　模型选择 ··············· 94
　　5.4.2　参数估计 ··············· 96
　　5.4.3　分年龄组的分析 ··········· 99
　　5.4.4　结果分析 ··············· 100
5.5　本章结论与对策建议 ············· 101

第6章　基于精算模型的城乡统筹分档缴费模式探究 ···· 103
6.1　引言 ······················· 103
　　6.1.1　问题的提出 ············· 103
　　6.1.2　研究概述 ··············· 104
6.2　城乡统筹基本医疗保险分档缴费模型 ···· 106
　　6.2.1　已有基础模型 ············ 106
　　6.2.2　模型改进思路 ············ 107
　　6.2.3　分档模型构建 ············ 107
6.3　样本地基本情况述析 ············· 109
　　6.3.1　样本地经济社会发展情况概述 ··· 109
　　6.3.2　样本地城乡居民基本医疗保险模式概述 ··· 111
　　6.3.3　样本地特点与问题 ·········· 112
　　6.3.4　样本地调查情况与模型实证分析 ·· 114
　　6.3.5　受访者分档意愿情况概述 ····· 116
　　6.3.6　模型实证检验 ············ 118
6.4　基于分档模型的省级统筹城乡居民基本医疗保险模式 ··· 121
　　6.4.1　理论基础 ··············· 122
　　6.4.2　模式思路与概况 ··········· 122
6.5　本章结论与对策建议 ············· 125
　　6.5.1　研究结论 ··············· 125

6.5.2 风险及管控 ……………………………………………………… 125
6.5.3 对策建议 ……………………………………………………… 126

第7章 统筹城乡医疗保险分档缴费模式下逆向选择风险研究 …… 128
7.1 引言 ……………………………………………………………… 128
7.2 逆向选择的含义及影响 ………………………………………… 129
7.2.1 逆向选择的含义 ……………………………………………… 129
7.2.2 基本医疗保险市场的逆向选择风险 ………………………… 129
7.2.3 逆向选择对基本医疗保险市场的影响 ……………………… 130
7.3 理论模型 ………………………………………………………… 131
7.3.1 异质性讨论 …………………………………………………… 131
7.3.2 Logit 模型 …………………………………………………… 132
7.3.3 定序回归模型 ………………………………………………… 134
7.3.4 模型变量选择判定标准 ……………………………………… 135
7.4 调研数据的使用与描述 ………………………………………… 135
7.4.1 数据来源与问卷概述 ………………………………………… 135
7.4.2 变量定义 ……………………………………………………… 135
7.4.3 调研数据的描述性分析 ……………………………………… 140
7.5 实证结果与分析 ………………………………………………… 142
7.5.1 是否选择分档结果 …………………………………………… 144
7.5.2 档次选择结果 ………………………………………………… 148
7.6 本章结论与对策建议 …………………………………………… 153
7.6.1 结论概述 ……………………………………………………… 153
7.6.2 统筹城乡医疗保险中逆向选择的控制 ……………………… 153

第8章 统筹的进一步深化：统筹城乡医疗保险对医疗服务利用的绩效评价 ………………………………………………………… 157
8.1 引言 ……………………………………………………………… 157
8.2 数据使用与实证模型 …………………………………………… 158
8.2.1 数据使用 ……………………………………………………… 158
8.2.2 变量选取 ……………………………………………………… 159
8.2.3 实证模型 ……………………………………………………… 160
8.3 实证分析 ………………………………………………………… 161

  8.3.1 变量描述性统计分析 ·· 161
  8.3.2 实证结果与分析 ·· 162
 8.4 本章结论与对策建议 ·· 165

第9章 本书总结与进一步展望 ·· 167
 9.1 总体结论与对策建议 ·· 167
  9.1.1 总体结论 ·· 167
  9.1.2 对策建议 ·· 168
 9.2 进一步展望 ·· 170

参考文献 ·· 171

附录 "城乡居民统筹医疗保险"调查问卷 ······························ 180

第1章 导 论

1.1 研究背景与意义

新医改以来，我国建立了城镇职工基本医疗保险（下称"职工医疗保险"）、城镇居民基本医疗保险（下称"居民医疗保险"）以及新型农村合作医疗保障制度（下称"新农合"）三项基本医疗保险，三种医疗保险从制度设计的层面基本覆盖了全体城乡居民。2012年，职工医疗保险参保人数为26467万人，居民医疗保险参保人数为27122万人，新农合参合率已达98.3%，全国8.02亿农民纳入保障范围（见国家卫生和计划生育委员会，2013）。然而，在很多地区，基本医疗保险制度住院赔付存在上限低以及报销范围和比例限制过多等问题。但其衍生出的城镇、乡村二元医疗结构以及三大板块相互分立的局面潜藏着不容忽视的隐性权利公平盲区。城乡居民筹资水平差异较大，保险待遇不尽公平，经办资源浪费等现象给城乡居民的医疗保障带来了不良影响。2009年，新型农村合作医疗部际联席会议提出要"做好新农合、城镇居民基本医疗保险的衔接，推动两项制度平稳协调发展"[①]。由于城镇居民基本医疗保险和新农合的缴费办法及医疗待遇比较接近，我国医疗保障体制改革的路径是，先进行居民医疗保险和新农合两大板块率先统筹，然后逐渐与城镇职工医疗保险制度并轨。

本书研究重点是统筹居民医疗保险和新农合，因此，如无特殊说明，本书下文所及"统筹"或"城乡统筹"皆指这两大医疗保险的统筹。

截至2022年10月，京津沪渝4个直辖市和安徽、贵州、海南、宁夏、青海等省份探索实现了医保省级统筹，全国城乡居民医保已经基本实现市地级统筹，也即全国大部分地区还处在市级统筹阶段。我国城乡居民基本医疗保险统筹呈现出"广覆盖，低层次"的发展态势。在当前以县、市级统筹为主要体制

---

① http://www.zsdpf.org.cn/xxgk/ztbd/cjrshbztxhfwtxjszt/zgcldt/content/61/1111.html。

安排的大环境下,原有体系运行过程中所暴露出的问题在一定程度上得到了缓和。但相对较低的统筹层次所形成的"碎片化管理"模式,也在前进过程中引发了诸多值得关注的问题。首先,跨地域的医疗保险关系接续与转移仍旧是一大难题,这对劳动力的自由流动在一定程度上造成了不小的困扰;其次,相互独立的管理模式导致地区间信息堵塞,从源头上给重复参保与漏保埋下了隐患;最后,不同地区的筹资水平与补偿比例囿于当地经济发展水平而存在相对明显的差异,国民权利的横向公平难以得到保障。普遍认为,为使这些问题得到解决,有必要促成省级统筹这个阶段性目标的达成。

然而,为达成这一目标,我们依然面临着诸多现实瓶颈,亟待从制度安排与政策落实两方面着手解决。其中涉及的核心问题之一是,该采取何种有效方法和手段使得现行的二元城乡医疗保障制度平稳过渡到一体化的省级统筹目标。为了能够制定出有效的方法和手段,需要对目前医疗保险城乡绩效差异做出全面和准确的评估。

本书旨在该方向进行有益的探索,就如下问题展开系统研究:

(1)正确评估现行居民医疗保险和新农合绩效。该研究的理论意义在于完善医疗保险实施效果评价指标体系和方法,其实证的结果则可以为统筹城乡基本医疗保险提供实证基础以及参考依据。

(2)以正确评估现行居民医疗保险和新农合绩效为基础,从理论上阐述省级统筹的必要性,并为省级统筹目标的实现探索可行的过渡的方法。

(3)为省级统筹建立相应的精算模型,并据此进行逆向选择的风险评估与测算,为统筹城乡基本医疗保险乃至整个医疗保障提供决策依据。

(4)在省级统筹的背景下,进一步评估省级统筹医疗保险是否缩小了城乡两大人群在医疗服务利用上的差异。

1.2 研究现状

本书的研究分为两个部分的动态,一是医疗保险绩效评价的研究,二是关于统筹城乡医疗保险的研究。在医疗保险绩效的评估中,我们按人群区分,关注一般人群的绩效评价与老年人群的绩效评价。在统筹城乡医疗保险制度与评价的研究中,我们重点关注城乡统筹政策的理论研究与分档筹资精算模型;城乡统筹逆向选择风险的研究；城乡统筹后对城乡居民基本医疗服务利用影响的实证研究。

1.2.1 城乡医疗保险对一般人群的绩效评价研究

医疗保险对医疗服务的利用有着直接的影响。20世纪70年代，美国兰德公司就通过设计医疗保险随机实验的方法（Newhouse，1993），发现医疗保险中自付部分越少则医疗费用越高。因随机实验实施难度较高，后来大部分学者以收集数据代替实验数据进行研究，这种分析方法被称为自然实验。在已有的关于医疗保险绩效评价的研究中，国内外学者主要从医疗服务利用、治愈情况、健康水平、自付费用等方面出发。

医疗保险对医疗服务的利用无外乎住院率（频数）、门诊率（频数）与医疗费用的额度。后来此类问题的研究大多把住院率/门诊率与费用额度分别建模（称为两部模型），特别，Diehr等（1999）对比了一部和两部模型在研究医疗服务利用方面的差异，并认为变量不作变换的一部模型适合预测医疗支出，而需要区分自变量在不同阶段的影响的研究中两部模型表现更好。沿着这个思路，饶克勤（2000）的研究表明拥有医疗保险的人具有更高医疗服务使用频率。Yip和Berman（2001）对埃及青少年医疗支出的研究表明，青少年校园医疗保险显著提升就医率并降低医疗支出，同时，可以起到减少贫困和富裕家庭孩子享受医疗服务差异的作用；Chen等（2007）发现医疗保险对促进弱势群体的卫生服务利用有显著的影响。范涛等（2011）使用倍差（difference in difference，DID）方法和Probit模型发现新农合对参保者自评健康有积极影响。王明慧等（2009）用描述性分析和秩和检验比较了职工医疗保险与无医疗保险病人急性阑尾炎、胆结石等5种疾病的住院费用和住院天数的差异，发现在治疗过程中道德风险显著提高了住院天数和总医疗费用；官海静等（2013）利用集中指数这一指标的标准化和分解，度量了居民医疗保险对住院服务利用公平性的影响，结论表明，居民医疗保险提升了住院服务利用的公平性，但作用有限。Devlin等（2011）对加拿大补充门诊医疗保险（其中一类就是商业保险公司提供的门诊补充医疗保险），用潜分类模型（latent-class model，LCM）进行分析，不同的医疗保险类型对门诊的利用的影响存在差异，并且对健康与非健康人群也具有不同效果。高建民等（2011）使用陕西省的数据说明了三大保险医疗可及性具有差异性。

Cameron 和 Trivedi（2013）详细介绍了计数回归模型的理论和应用。Buchmueller 等（2005）指出医疗保险在促进门诊就医方面具有积极作用，但是在对其影响进行评估时却存在很多挑战，诸如不同种类和层次医疗保险的不同影响以及样本无法观测的异质性等。Deb 和 Trivedi（1997）基于1987年美国医疗费用调研数据，采用有限混合负二项回归模型，对包括门诊次数在内的6项医疗服务指标进行了影响分析，其中相关的保险变量包括个人补充保险和贫困医疗救助，研究发现两者均会显著地增加门诊就诊次数。Winkelmann（2004）运用倍差方法和泊松回归的方法对德国的处方药采用共付制后对门诊次数产生的影响进行了实证，发现该举措会降低门诊就诊次数。Devlin 等（2011）基于2005年"加拿大社区健康调查数据"，利用潜类别分析的方法，建立混合负二项回归模型分析了处方药补充保险对于门诊就诊次数的影响，并指出了样本数据中存在的高门诊利用率和低门诊利用率两种潜在类别。吴爱平等（2004）通过描述性统计的方法，分析了1998~2000年南通市职工医疗保险门诊利用和费用数据，研究了医疗保险基金支付方式和管理模式对门诊利用的影响度。李燕凌和李立清（2009）研究了新农合对湖南省7个县门诊率细分收入水平、医院类型、病情程度和最近医疗点距离等的影响，结果表明实施新农合后门诊利用效率和服务公平性均得到了提升。

Hadley 和 Waidmann（2006）利用对美国不同年龄段民众的跟踪调查数据，运用工具变量法研究发现，医疗保险会促使65岁之前的死亡率下降。Chen 和 Jin（2012）应用倾向分数匹配（propensity score matching，PSM）和倍差方法对2006年中国农业调查数据进行分析，以便考察我国新农合医疗保险的效果。结果发现，新农合对儿童和孕妇死亡率的影响在统计上不显著，但对6岁儿童的入学率存在正向影响。

特别地，在健康水平的绩效评价方面，诸多学者对其进行了研究，不同学者得出了不同的实验结果。部分学者通过研究发现个体的健康状况与购买该医疗保险之间存在显著的相关性。Cutler 和 Vigdor（2005）运用倍差法聚焦51~65岁的美国居民，通过对参保人员与未参保人员经受疾病后的健康状况进行对比，研究发现，未参加保险的人群在经受慢性病的冲击后，其健康状况的下跌程度远远超过参保人员。Card 等（2009）对老年和残障健康保险与死亡率之间的关系展开了研究；运用断点回归设计（regression discontinuity design）的方法，检验证明参加老年和残障健康保险的老年人死亡率比未参保组的死亡率低 0.8~1.0 个百分点，因此参加老年和残障健康保险能够降低老年人的死亡率。Finkelstein 等（2012）利用两阶段最小二乘法（2SLS）对 19~64 岁的居民健康状况与俄勒冈州标准医疗保险计划的相关性进行研究，实证表明俄勒冈州标准医疗保险计划显著地促进了参保人群的自评健康水平的提高。Miller 等（2019）研究医疗保险对老年人死亡率造成的影响，发现较之于未参保人群，参保人群下降了 0.132 个百分点。Dunn 和 Shapiro（2019）则主要聚焦于 65 岁以上老年人的死亡率，研究发现参保老年人因其心血管等相关疾病的致死率要低于未参保人群。

然而，部分学者通过研究发现个体的健康状况与购买老年和残障保险之间不存在显著的相关性。Finkelstein 和 Mcknight（2008）运用倍差法进行实证检验，实证结果表明 65 岁以上人群的死亡率并未得到改善，表明老年和残障健康保险与死亡率之间不存在显著的相关作用。Cutler 和 Vigdor（2005）研究发现在面对急性疾病的冲击时，参保与未参保人群的健康情况没有存在显著的差异性，即老年和残障保险在此情况下不存在显著积极的绩效。

相比之下，美国以外的国家医保政策的健康绩效研究还不够丰富与完整。对于墨西哥的医疗保险政策，不同的学者得出不同的结论。有的学者认为该医疗保险存在正向的健康绩效。Pfutze（2014）则探究墨西哥婴幼儿参保状况对死亡率的影响，研究发现参加墨西哥医疗保险的婴幼儿其死亡率要低于未参保人群五个千分点。然而，有的学者则得出截然不同的结论。King 等（2009）将墨西哥的全民医保和全人群的健康状况放在一起研究，研究通过随机原则率先在墨西哥的部分地区推广全民医保项目。由于地区的选择具有随机性，进而消除了可能存在的选择性偏误。该实验通过收集医保政策实施 10 个月后不同地区间的健康数据，运用非参数方法对医疗保险的健康绩效进行研究。实证结果表明，民众的自评健康状况并未因为该项医保政策的推广而出现显著的改善。一些学者聚焦于南亚以及东南亚国家的医疗保险健康绩效，多数学者得出了一致性的结论，即医疗保险可以提升参保人员的健康水平，改善其健康状况。

Aggarwal（2010）对印度实施的基于社区的医保项目的健康绩效进行实

证研究，实证研究发现，该地区的社区医保可以有效提高民众对于卫生服务的利用率，进而改善了民众的健康状况，提升了相应的指标。Gruber等（2014）将研究主体聚焦于泰国的婴儿，通过研究发现，参保婴儿的死亡率要低于未参保婴儿群体。Anindya等（2020）通过运用印度尼西亚人口与健康调查中关于孕妇的个体数据，研究发现，医疗保险的推广使得孕妇的健康服务效能有所提升。

1.2.2 城乡医疗保险对老年人群的绩效研究

此外，在我国这样一个发展程度差异大、人口迁移数量多的发展中国家，老龄化的加深不只是经济发达地区的困扰，更可能成为经济欠发达、人口大量外出务工或是人口增长停滞地区的发展阻碍，老年人是否得到基本的医疗保障，给社会安定以及经济平衡发展带来高度的不确定性。因此，提高医疗保险保障能力，使老年人群公平而有效率地获得医疗卫生服务，研究探索各类基本医疗保险对老年人绩效评价尤为重要。

殷少华和邹凌燕（2006）基于一项2002年、2004年东营市医疗服务研究数据，利用Logistic回归的方法，分析了农村老年人门诊服务利用的影响因素，发现农村老年人医疗支出较高，新农合增加了老年人门诊服务利用率。黄枫和甘犁（2010）研究住院支出数据，结果显示，医疗保险在大大降低自付费用同时提高了总住院费用。刘国恩等（2011）利用样本选择模型和Logit模型分析老年人医疗费用支出和是否及时就医，认为医疗保险提高了老年人总医疗费用支出和及时就医率，降低了老年人自付医疗负担，但是起不到改变其就医选择行为和减轻家庭医疗负担的作用。胡宏伟等（2012）使用倾向得分匹配法（propensity score method）估计社会医疗保险对老年人卫生服务利用的影响，发现医保会显著促进老年人的卫生服务利用和增加医疗支出。苏春红（2013）使用CHARLS，通过对数线性回归分析得到了不同医疗保险对医疗消费支出的影响具有差异性的结论。刘明霞和仇春涓（2014）对住院行为和支出分别建立两部模型和样本选择模型进行实证分析，结果发现相对于城镇居民医疗保险和新农合而言，城镇职工医疗保险的参保人群遵医嘱的住院率和住院支出都更高。Cheng和Chiang（1997）利用倍差方法比较了1995年我国台湾民众医疗保险之前和医疗保险之后老年人的医疗服务利用情况，结果显示，实现台湾地区医疗保险全覆盖后，老年人门诊利用和住院利用都得到了显著的提高。Chandra 等（2007）研究了美国加利福尼亚州对退休老年人提高门诊和处方药的自付比例后的影响效果，结果发现实施这一举措后老年人的门诊次数降低，住院率上升。黄枫等（2009，2010）利用 2002~2005 年中国老年健康影响因素跟踪调查（CLHLS）数据分析了城镇老年人医疗保险对老年人的死亡率、家庭总医疗支出、家庭自付医疗支出和预期寿命的影响。刘晓婷（2014）则使用健康水平作为评估的因素，通过交互作用分析发现拥有职工医疗保险的老年人与其他保险的参保老年人相比，具有更好的健康水平，而新农合的作用却相反。

在新农合的健康绩效方面，程令国和张晔（2012）研究新农合与参合者健康状况之间的相关性，选用中国老年健康影响因素跟踪调查数据，实证表明新农合的参合者健康指标明显优于未参加新农合的农民，故新农合和农民健康存在正相关关系。

对于城镇居民医疗保险健康绩效的探究，由于选取健康衡量指标的不同，选取人群的不同，相应的结论也有差异。一些学者通过实证研究发现城镇居民医疗保险的健康绩效不显著。胡宏伟等（2012）将研究视角聚焦于城镇居民基本医疗保险的健康绩效，通过构建倾向得分匹配和双重差分相结合的计量模型，实证研究表明两者之间的关系并不显著。而一些学者通过实证研究得出不同的结论，认为城镇居民医疗保险能够促进参保者的健康状况。黄枫和吴纯杰（2009）聚焦城镇老年群体的健康状况，研究发现参加医疗保险的老年人在 2002~2005 年三年间的死亡率有明显的下降。

1.2.3　城乡统筹医疗保险理论与筹资测算模型

到目前为止，城乡统筹主要关注点依然是统筹的必要性以及统筹中存在的相关管理问题。早期邓大松和杨红燕（2004）从医疗对老年人的应有补偿角度，剖析了老年人群医疗保障的地区差异。王东进（2010）认为，随着我国基本医疗保险制度的不断发展，由人力资源和社会保障部以及卫生部门分别负责城、乡居民基本医疗保险的管理体制正在逐渐显露出各种弊端，如城乡居民筹资水平差异大，保险待遇不公平，经办资源浪费等。此外，苗艳青和王禄生（2010）也指出，条块分割的医疗保险制度，尤其是实行"户籍制度管理"的新农合参合农民的住院费用最优分布；侯庆丰（2014）根据甘肃省样本地区门诊医疗费用数据，构建了城镇居民门诊统筹基金短期平衡模型。

尽管实际应用中可以根据较大样本的数据测算出赔付频率和每次赔付金额的均值以求得保险费，但在多数情况下样本数据并不满足分析的要求，因为这类方法需要积累大量的经验数据，随影响因素的改变，医疗保险损失分布的参数，甚至分布类型均会发生变化；加之由于不同的医疗保险方案中起付金额以及最高限额等众多限制，以及分比例赔付的情况出现，此方法在实际应用中的精确度还有待进一步研究。

1.2.4 城乡统筹分档缴费模式逆向选择及相关风险的研究

逆向选择问题的研究可追溯至 Arrow（1963）和 Akerlof（1970），之后在经济学领域受到广泛关注。由于选择是逆向选择产生的基础，在保险市场中的体现即为自愿性。

在商业健康保险领域，Rothschild 等（1976）的研究指出，当投保人重要的个人健康信息未被保险公司完全掌握时，保险公司计算的期望保费是偏高的，继而驱逐了低风险的优质投保人。因此，保险市场为政府干预提供了可能性。Chiappori 和 Salanie（2000）指出，逆向选择存在的必要条件是医疗保险与健康风险存在正相关关系。Gao 等（2009）基于我国商业医疗保险市场数据，探究发现高风险投保人比低风险投保人更倾向购买额外的保险。薄海和张跃华（2015）利用 CHARLS 2011 年基线数据，发现个人健康水平和是否购买补充保险之间不存在显著的相关关系，而患有慢性病和购买保险存在微弱正相关。证实逆向选择仍然是存在的。国峰和孙林岩（2003）根据进入理论，讨论了逆向选择消失的条件是医疗保险进入价值的不断提升，因此得出高额医疗费用保险市场逆向选择程度较低的结论。Spenkuch（2012）通过随机实验的方法在探究低收入群体的逆向选择问题时发现，自评健康较差的低收入群体更倾向于购买保险。薄海和张跃华（2015）通过 Logit 模型、Probit 和 Biavairate Probit 计量分析方法，发现患有慢性病和购买保险存在微弱正相关。Harris 和 Yelowitz（2014）以 SIPP（Survey of Income and Program Participation）调研数据为基础，通过 Logit 模型探究了人寿保险市场的逆向选择问题，结果显示死亡率越高的个体越倾向购买人寿保险。Bajari 等（2006）基于一项 HRS（Health and Retirement

Study）调研数据，通过半参数回归模型的两步估计对健康保险和医疗护理的需求时，发现不存在显著的逆向选择。Wong 等（2010）使用倾向得分法分析香港地区医疗保险市场的逆向选择问题。

在基本医疗保险领域，任燕燕等（2014）基于 2011 年中国老年健康影响因素跟踪调查（CLHLS）数据，实证发现自评健康水平越差的老年人参加基本医疗保险的概率越高。臧文斌等（2012）利用居民医疗保险试点评估调查的问卷，证实了逆向选择的存在：在未被职工医疗保险覆盖的城镇人群中，健康情况较差的个体更倾向于参加居民医疗保险。王藩（2009）基于 2007 年和 2008 年我国居民医疗保险试点评估入户调查的数据，发现城镇参保居民在门诊、住院医疗卫生利用率上明显高于未参保居民，并且这些差异主要是由居民的健康状况所致的。王洪敏（2015）分别从保险方对参保方、参保方对保险方、医院和保险方、医院和参保方几个角度检验了我国城镇基本医疗保险中逆向选择的存在。张欢（2006）构造了一种测量逆向选择程度的指数 ASI，并使用此方法对北京市海淀区社会保险进行了实证研究。结果表明海淀区养老保险、失业保险和医疗保险中都存在严重的逆向选择问题。王祥（2015）采用 CHNS 数据，考察风险态度这一"隐形的手"分别对是否参保和是否生病的影响，研究发现我国新农合在实施过程中的确存在较弱的逆向选择问题。周磊等（2015）采用了 Logit 模型分析农村居民预期寿命对新型农村社会养老保险选择的影响，以及分位数回归的方法分析预期寿命对新型农村社会养老保险缴费的影响；论证了我国新型农村社会养老保险中存在逆向选择：预期寿命越长越有可能购买新型农村社会养老保险的最高档。任燕燕等（2014）运用了 Heckman 模型分析基本医疗保障对老年人医疗支出的影响，以及采用 Probit 模型检验逆向选择的存在。

总体而言，探究医疗保险逆向选择的文献涉及商业医疗保险、新农合以及居民医疗保险。因为上述保险具有非强制性的特点，这也为逆向选择提供了生存的空间。

1.2.5 关于城乡医疗保险统筹政策绩效评价的相关研究

随着医疗保险的不断改革与深化，我国的医疗保险逐渐向城乡统筹方向发展，然而目前对医疗保险统筹实证方面的研究并未受到广泛关注。仇雨临等

（2011）以广东东莞、江苏太仓、四川成都、陕西西安四地为例，通过实证分析发现，能够较好地实现城乡医疗保险有效整合离不开一个地区的社会经济水平，同时指出能够让本地区中不同的人群享受到公平的医疗服务也是实现城乡医疗保险统筹的重要目标。王晓燕和刘易达（2015）运用Oaxaca-Blinder分解方法，分解了在统筹与非统筹地区的就医差距，城乡医疗保险统筹能够引导城乡居民合理就医，避免大医院"人潮涌动"的现象，同时也能够促进基层医院的医疗服务能够得到合理的运用。马超等（2018）重点关注医疗保险统筹是否缓解了流动人口户籍造成的住院服务利用上的机会不平等；结果显示，从事前角度（是否住院的选择）看，医疗保险统筹政策有效促进了户籍的机会平等，而从事后的角度（住院医疗支出）看，效果并不显著。刘小鲁（2017）以CHARLS数据为基础，通过PSM研究城乡统筹医疗保险对居民门诊和住院医疗服务利用水平的影响；结果表明，截至2013年底，我国城乡居民基本医疗保险没有对农业户口居民医疗服务利用水平产生显著影响，也没有从总体上改变所有居民的医疗服务利用水平。刘晶晶等（2019）运用我国第五次卫生服务调查数据对我国开展医疗保险统筹地区的住院服务利用公平性进行分析；研究结果显示：医保未整合地区的应住院而未住院的比重和住院率均高于三保合一以及三保合二地区，而三保合二地区居民门诊应就诊而未就诊的比例高于三保合一以及未整合地区。

1.2.6 研究述评

综观上述研究，在统筹医疗保险的大背景下，在更高统筹层次的触及目标下，我们认为，以下一些问题可以做进一步深入的研究：①城镇居民医疗保险和新农合两大板块的医疗保险是否存在绩效上的显著差异，反映出来的人群的健康服务的利用、就医行为、疾病负担、健康水平的差异是否由医疗保险制度的差异所引起的？各个调查数据、不同的分析方法往往得到不同的结果，是否存在一个一致的结论。②统筹城乡居民基本医疗保险的理论基础是什么？省级统筹的理论基础什么？省级统筹是否具有可行性？③如果实现省级统筹，有效的模式是不是像养老保险那样实行"一制多档"的"分档缴费"筹资的模式，这个模式人们是否愿意接受，是否会出现诸如养老保险"一制多档"模式下的普遍选择低档？这些是需要去做深入的调查才能得到的。④如何建立分档缴费的医疗保险精算模型？医疗保险的基金本着收支基本持平的原则，因此利用精算模型进行筹资测算将是一个重要的问题。⑤分档缴费后医疗保险基金的风险在何处，推进的难度在何处？如何降低分档缴费逆向选择的风险等？⑥截至目前，城乡医疗保险统筹制度的绩效如何，有无缩小城乡居民基本医疗服务利用的差异？

1.3 研究目标与研究内容

1.3.1 研究目标

我国在全民一体化医疗保险为最终目标的进程中，本书的研究的目标是在提供统筹层次的基本背景下，用分档筹资的模式实现省级统筹。具体而言可以分为如下三个目标。

目标一：城乡基本医疗保险的绩效评价。评价指标主要集中在城乡统筹对住院医疗服务利用公平性的影响；城乡基本医疗保险对健康水平绩效评价；城乡基本医疗保险对门诊服务利用的影响。

目标二：统筹城乡医疗保险实现的可行模式，本书的重点并非管理上的实现，而是技术方案上的实现。在城乡差异显著的省份或者地区，如果直接一刀切地统筹，显然是不现实的，那么在省级统筹的可触及目标下，一制多档的分档筹资模式是否可以成为统筹的有效方案。在这个大方案下，参保人群既有城乡差异，又有地区差异，还有经济水平的差异，那么合理的档次是几档，每个档次的缴费额度是多少，各个不同高低档次最后所享受的医疗保障方案的差异应该如何体现出来。省级统筹分档筹资的制度是否满足了城乡统筹医疗保险的内在趋势和外在需求？这些构成了研究的第一个目标，就是探索分档筹资省级统筹的可行性与方案。探索建立一个普遍适用的精算模型，为分档筹资提供数理的支撑。精算模型包含模型的理论、模型所需的数据支撑、模型的参数以及模型的测算等。然后展开调研实证，修正模型。

目标三：探索分档缴费模式下统筹城乡医疗保险的风险及其控制方式，并且在目前统筹不断进展的过程中，实证研究城乡医疗保险统筹政策是否达到了缩小城乡参保者医疗服务使用的差距。

1.3.2 研究内容

以上述目标，形成以下具体的研究内容。

（1）以CHARLS 2011～2012年基线调查数据为样本，对参加三种基本医疗保险的不同年龄段老年人的特征与过去一年住院情况进行描述性分析，然后从住院行为、住院支出以及住院自付费用比例三个方面进行绩效评价。其中对住院行为和住院支出分别建立两部模型和样本选择模型进行实证分析，得出较为一致的结果，医疗保险显著提高了老年人群的住院率和住院支出，并且城镇职工医疗保险相对于城镇居民和新农合而言，提高的比例更大。对自付比例建立OLS进行实证，基本医疗保险显著降低了老年人群住院医疗费用的自付比例，但降低的程度根据医疗保险类型的不同而有所差异。这部分的研究内容在第2章中体现。

（2）在全民参保的背景下，不同医疗保险项目对参保个体的健康水平的影响具有差异性。使用CHARLS 的2013年数据，使个体自评健康指标作为被解释变量，建立了有序 Probit模型，实证分析了城镇居民保险和新农合两类保险对个体健康产出的影响。模型结果显示，在老年人、慢性病患者以及女性群体中，保险项目的选择对个体的自评健康有显著性影响，参加城镇居民基本医疗保险的群体倾向于具有更好的健康水平。这表明在老龄化趋势严重、医疗服务成本上升的今日，我国应当加快医疗保险城乡统筹，促使城乡居民尤其是弱势群体享受到统一的医疗保险待遇。这部分的研究内容在第3章体现。

（3）在上述（2）的内容基础上，进一步采用CHARLS 2013 年、2015 年以及 2018 年的面板数据，选用医学领域认可度较高的生命质量指标的良好适应状态质量评估量表作为个体健康状况的评价指标。通过建立随机效应模型、固定效应模型以及双重差分和倾向得分匹配的方法来进行研究。在细分不同医疗保险以及人群的基础上进行探究，并对商业医疗保险的长短期健康绩效进行探讨。研究发现：分险种来看，城镇职工医疗保险、城乡居民基本医疗保险以及个人购买的商业医疗保险的健康绩效呈现负相关性，而新农合则显著提升了参合者的健康状况。分人群来看，不同群体的医疗保险健康绩效呈现差异性。新农合对乡村户籍的参合者的健康状况起到促进作用，城镇居民医疗保险改善了城镇户籍的参保者的健康状况。对于已婚群体而言，城镇职工医疗保险的参保者健康绩效有所下降。商业医疗保险对高等学历参保者的健康状况起到了促进的作用。从商业医疗保险的长短期健康绩效来看，短期内，商业医疗保险的参保人群健康状况得到显著的改善，而长期则呈现负相关性。通过细分人群又发现在不同群体间，商业医疗保险长短期健康绩效有所不同。

（4）建立计数回归模型，使用CHARLS数据进行了模型选择，分析了医疗保险对老年人群门诊医疗服务的效果评价。结论指出，基本医疗保险有效地促进了老年人群门诊服务的利用，但这效果会依据医疗保险的类型而不同。此外，本身门诊服务利用率较高的人群（高风险人群）的效果不显著，而医疗保险对门诊服务利用较低的人群（低风险人群）的门诊服务利用的绩效显著。这部分内容在第5章体现。

（5）对城乡统筹基本医疗保险进行可行性论述，以收支平衡为基本测算出发点，建立在两部或者四部模型基础上的，引入分档缴费后，构建得到城乡居民基本医疗保险分档筹资模型，论证模型的普适性；并且对浙江省进行了实地调研，建立了浙江省分档筹资的城乡统筹医疗保险方案，并测算了各档次的保费。这部分内容在第6章体现。

（6）基于浙江省的实地调研数据，通过考察受访者对分档缴费的意愿和档次选择的偏好，证实了分档缴费中确实存在着逆向选择。为了分档筹资模式的长期稳定运行，需要重点考虑分档模式后的逆向选择问题。建立个人健康信息资料库，并纳入慢性病史情况，引入健康管理思想鼓励投保人主动管理健康，通过商业补充医疗保险来分散基金风险等，从而进一步完善我国城乡居民基本医疗保障体系的建设。这部分内容体现在第7章。

（7）统筹城乡居民基本医疗保险是将城镇居民医疗保险和新农合保险合二为一的制度，是缩小城乡参保者医疗服务的差距、实现一体化全民医疗保障的必经之路。为了不断完善统筹城乡居民基本医疗保险制度，推进医疗保险改革，统筹城乡居民基本医疗保险的量化绩效评价显得尤其重要。采用2011年度和2015年度的CHARLS数据，建立DID模型，对城乡统筹医疗保险对医疗服务利用的影响以及城乡差异进行了全面的评估。结果表明：统筹城乡医疗保险在不同程度上降低了城市和农村居民门诊次数和门诊费用，农村居民的降低幅度更大。统筹城乡医疗保险对城市和农村居民在住院次数、住院医疗费用以及交通成本上没有显著效果，但从影响的方向来看，统筹医疗保险降低了城乡居民的交通成本和住院次数，降低了城市居民的住院医疗费用，却提高了农村居民的住院医疗费用。建议：进一步深化改革统筹城乡居民基本医疗保险，提高门诊保障待遇，缩小一制多档的档次差异，激发农村居民高档选择的意愿，加快区、县公立医院、乡镇卫生院的改革。这部分内容体现在第8章。

1.4 数据来源

本书数据来源包含两项：其一是CHARLS数据，其二是浙江省统筹城乡医疗保险分档缴费方案设计的抽样调查数据，是由课题组实地调研得到的[1]。

CHARLS数据：本书在绩效评价方面一致采用的数据来源于中国健康与养老追踪调查（CHARLS）。CHARLS数据是由北京大学国家发展研究院、北京大学团委与北京大学中国社会科学调查中心共同主持执行的跨学科大型调查项目，其目的主要是收集一套关于我国45岁以上中老年人家庭和个人微观数据，旨在分析我国人口老龄化的问题，推动关于老龄化的相关研究，为我国相关政策、体制的完善和制定提供宝贵的一线资料。

CHARLS调查最初于2008年开始进行预调查，调查对象为浙江、甘肃两省，全国性的调查是从2011年开始的，每两到三年追踪调查一次，目前已于2011年、2013年、2015年、2018年在我国28个省（自治区、直辖市）的150个县市、450个村镇社区进行追踪调查，其样本已经覆盖总计1.24万户家庭中的1.9万名受访者[2]。

2015年，本书依托的项目组展开了浙江省统筹城乡医疗保险分档缴费方案设计的抽样调查数据：以浙江宁波、温州、台州三所城市及下辖逾30个市县乡级地区的城镇居民及农村居民为调查对象，开展问卷调查，并最终得到样本总量1424份，有效样本量1242份（其中，宁波市样本429份、温州市417份、台州市396份），有效率约为87.2%。调查问卷见书后附录。

---

[1] 调研得到了上海市哲学社会科学规划课题一般项目"统筹城乡基本医疗保险分档缴费研究"（项目编号：2015BGL001）的支持。

[2] 数据来源：http://charls.pku.edu.cn/index/zh-cn.html。感谢中国健康与养老追踪调查的公开数据支持。

第2章 医疗保险对老年人群住院行为及负担的绩效评价[①]

2.1 引言

当前,很多地区的基本医疗保险制度在住院方面仍然存在上限低、报销范围和比例限制过多等问题,因此,为了提高医疗保险保障能力,使老年人群公平而有效率地获得医疗卫生服务,研究探索各类基本医疗保险对老年人利用医疗卫生服务,特别是决策住院行为和影响住院支出的效果评价尤为重要。

因此,本章将综合目前被广泛应用的计量模型——Probit模型、Logistic模型及多元线性回归模型,对住院行为和支出建立两部模型和样本选择模型,继而进行模型拟合、参数估计、模型诊断,解释包括基本医疗保险类型等因素在内的各自变量对因变量的影响程度,并对实证结果进行讨论,提出相关建议。

2.2 数据使用与样本特征描述

样本数据来自CHARLS 2011~2012年全国基线调查数据(医疗保健与保险子模块)。

在分析层次上,从参加不同种类基本医疗保险的角度,将样本分为四组:职工医疗保险、居民医疗保险、新农合、无医疗保险,无医疗保险组为对照组;其中,由于部分地区已实现居民医疗保险与新农合一体化,统一为地区城乡居民提供城乡居民基本医疗保险,因此,居民医疗保险中也包含城乡居民基本医疗保险。按年龄将样本分为两组:60岁以上、80岁以上,其中60岁以上组即包括所有老年人。

[①] 本章的部分内容已经发表在《保险研究》杂志上(刘明霞和仇春涓,2014)。

在分析指标上，主要选取了以下几类：①个人及家庭特征指标——出生年份、性别、户口类型、受教育程度、婚姻状况、自评健康、家庭人数；②收入情况指标——工资、退休金及补助等，家庭收入，家庭人均收入；③医疗保险指标——是否参加补充医疗保险、报销方式、年缴保费、由谁缴保费；④住院行为指标——应住院而未住院和未住院原因、是否住院和住院次数；⑤住院医院特征——医院级别、到医院距离、交通成本；⑥医疗支出及自费部分指标——医疗支出（过去一年住院的总费用）、自付费用、自付比例和全额自付人数。

样本特征的描述性统计分析如表2-1、表2-2所示。

表2-1显示各组受访者有以下特征：职工医疗保险是三种基本医疗保险中保障程度最高的，同时，由调查数据反映出该组受访者的特征为绝大多数是非农业户口且大多接受过基础教育、收入水平最高，无配偶老年人的比例较低，他们对自身健康状况的评价也略好于其他几组；居民医疗保险组的受访者以非农业户口为主，他们大多只有小学及以下文化水平，人均收入水平也比城镇职工医疗保险组低得多但依然远高于新农合与未参加医疗保险组，婚姻状况与城镇职工医疗保险组基本相同；新农合组与未参加医疗保险组的老年人以农业户口为主，新农合组的农业户口更多达95%以上，这部分老年人多数没有上完小学甚至未接受过学校教育，他们的收入水平也是四组中最低的，而且两组高龄老年人无配偶的比例都很高。从样本特征的简单分析中，不难看出，社会基本医疗保险保障能力最低的组别，其自身应对疾病的能力也最低——主要是经济能力、能否获得优质医疗资源及患病期间是否有人看护等。

表2-2从对三类基本医疗保险和未参加医疗保险受访者在过去一年住院行为和由此产生的医疗支出的描述性统计分析来看可以得出：首先，职工医疗保险的保障程度明显高于其他两种基本医疗保险，表现在"看病当时即可报销"的方式更加普遍，医生建议应当住院而未住院的原因不以无法负担医疗费用为主，更重要的是医疗支出全额自付人数的比例最低且自付平均比例最低；其次，住院的平均支出随基本医疗保险保障程度——主要是自付比例的提高而提高，这与国内外过去的研究结果是一致的；然后，各组80岁以上老年人的医疗支出水平并没有比60岁以上老年人更高，表现为各组住院医疗支出的最大值都

第 2 章　医疗保险对老年人群住院行为及负担的绩效评价　19

表 2-1　个人及家庭描述性统计

变量类别	变量描述	职工医疗保险 60岁以上	职工医疗保险 80岁以上	居民医疗保险 60岁以上	居民医疗保险 80岁以上	新农合 60岁以上	新农合 80岁以上	未参加医疗保险 60岁以上	未参加医疗保险 80岁以上
出生年份	均值	1941.80	1926.98	1941.85	1927.30	1942.09	1926.51	1940.03	1925.87
	标准差	6.40	3.40	6.90	5.30	6.83	3.43	7.58	3.98
性别	男/人（所占比例）	525 (63.1%)	29 (63%)	160 (39.5%)	13 (43.3%)	2424 (49%)	134 (36.9%)	190 (42.5%)	20 (37.7%)
	女/人（所占比例）	307 (36.9%)	17 (37%)	245 (60.5%)	17 (56.7%)	2521 (51%)	229 (63.1%)	257 (57.5%)	33 (62.3%)
户口类型	农业/人（所占比例）	37 (4.4%)	2 (4.3%)	93 (23%)	6 (20.7%)	4775 (96.5%)	353 (97.2%)	299 (67%)	38 (71.7%)
	非农业/人（所占比例）	785 (94.4%)	44 (95.7%)	305 (75.5%)	22 (75.9%)	158 (3.2%)	10 (2.8%)	141 (31.6%)	15 (28.3%)
	统一/人（所占比例）	10 (1.2%)	0 (0%)	6 (1.5%)	1 (3.4%)	14 (0.3%)	0 (0%)	2 (0.5%)	0 (0%)
	无户口/人（所占比例）	0 (0%)	0 (0%)	0 (0%)	0 (0%)	0 (0%)	0 (0%)	4 (0.9%)	0 (0%)
婚姻状况	有配偶或与人同居/人（所占比例）	706 (84.9%)	26 (56.5%)	309 (76.3%)	18 (60%)	3810 (77%)	141 (38.8%)	277 (62%)	15 (28.3%)
	无配偶/人（所占比例）	126 (15.1%)	20 (43.5%)	96 (23.7%)	12 (40%)	1137 (23%)	222 (61.2%)	170 (38%)	38 (71.7%)
家户人数	均值	2.94	2.91	2.98	2.33	3.46	3.55	3.02	2.74
受教育程度	未受教育/人（所占比例）	73 (8.8%)	12 (26.7%)	112 (27.7%)	15 (50%)	2184 (44.2%)	258 (71.3%)	209 (46.8%)	38 (71.7%)
	小学及以下/人（所占比例）	271 (32.8%)	18 (40%)	196 (48.5%)	9 (30%)	2262 (45.8%)	94 (26%)	192 (43%)	14 (26.4%)
	初中、高中及中专/人（所占比例）	391 (47.3%)	11 (24.4%)	88 (21.8%)	5 (16.7%)	487 (9.9%)	10 (2.7%)	44 (9.8%)	1 (1.9%)
	大专及本科/人（所占比例）	91 (11%)	4 (8.9%)	8 (2%)	1 (3.3%)	7 (0.1%)	0 (0%)	2 (0.4%)	0 (0%)

续表

变量类别	变量描述	职工医疗保险 60岁以上	职工医疗保险 80岁以上	居民医疗保险 60岁以上	居民医疗保险 80岁以上	新农合 60岁以上	新农合 80岁以上	未参加医疗保险 60岁以上	未参加医疗保险 80岁以上
受教育程度	本科以上/人（所占比例）	0 (0%)	0 (0%)	0 (0%)	0 (0%)	0 (0%)	0 (0%)	0 (0%)	0 (0%)
	平均受教育程度/人（所占比例）	8.20	5.82	4.85	3.63	3.07	1.38	3.05	1.30
	极好/人（所占比例）	2 (0.2%)	0 (0%)	1 (0.3%)	0 (0%)	8 (0.2%)	1 (0.3%)	1 (0.2%)	0 (0%)
	很好/人（所占比例）	51 (6.1%)	6 (13%)	15 (3.7%)	0 (0%)	221 (4.5%)	16 (4.4%)	28 (6.3%)	0 (0%)
	好/人（所占比例）	132 (15.9%)	7 (15.2%)	51 (12.6%)	3 (10%)	671 (13.6%)	53 (14.6%)	70 (15.7%)	5 (9.4%)
健康自评	一般/人（所占比例）	452 (54.4%)	21 (45.7%)	192 (47.5%)	15 (50%)	2054 (41.5%)	124 (34.3%)	185 (41.4%)	21 (39.6%)
	不好/人（所占比例）	185 (22.3%)	11 (23.9%)	131 (32.4%)	12 (40%)	1786 (36.1%)	149 (41.2%)	149 (33.3%)	23 (43.4%)
	很不好/人（所占比例）	9 (1.1%)	1 (2.2%)	14 (3.5%)	0 (0%)	205 (4.1%)	19 (5.2%)	14 (3.1%)	4 (7.6%)
	平均评价	3.96	3.87	4.19	4.30	4.21	4.27	4.11	4.49
工资、退休金及补助等/元	非零样本均值	50576.10	40871.57	25881.02	25739.98	14061.60	18562.89	18466.43	17496.99
	样本均值	48874.02	39983.06	23133.16	21449.98	12282.23	15545.78	15161.48	12545.01
	中位数	38400.00	31800.00	15799.50	14400.00	1700.00	2000.00	2130.00	1800.00
家户收入/元	非零样本均值	53515.52	42382.68	27015.31	25739.98	16844.67	21179.31	19667.82	19576.55
	样本均值	51907.48	41461.32	24413.83	21449.98	15598.43	18378.74	16939.85	14405.39
	中位数	39600.00	33445.44	17400.00	14400.00	5400.00	5130.00	5863.50	2200.00
家户人均收入/元	非零样本均值	20254.56	17906.51	9373.30	12309.49	4404.37	5008.33	6608.22	5546.11
	均值	19645.94	17517.24	8470.69	10257.91	4078.52	4346.07	5691.64	4081.10
	中位数	15845.00	12930.00	6800.00	6600.00	1977.14	2100.00	2519.90	1530.00

第 2 章 医疗保险对老年人群住院行为及负担的绩效评价

表 2-2 住院行为及医疗支出描述性统计

变量类别	变量描述	职工医疗保险 60岁以上	职工医疗保险 80岁以上	居民医疗保险 60岁以上	居民医疗保险 80岁以上	新农合 60岁以上	新农合 80岁以上	未参加医疗保险 60岁以上	未参加医疗保险 80岁以上
补充医疗保险/人		42	4	24	0	137	19	1	0
报销方式/人	垫付	419	23	237	19	3322	231		
	直付	382	22	141	9	1500	119		
年缴保费	缴费人数	213	11	321	16	4670	335		
	非零样本均值/元	391.2	83.91	141.97	129.1	46.2	40.04		
由谁缴保费/人	自己	336	15	311	14	3339	141		
	子女	6	2	46	6	1253	189		
	亲属	1	0	3	0	54	9		
	政府	53	3	42	5	118	15		
	单位（包括村集体）	457	21	24	2	200	9		
	借款	0	0	0	0	0	0		
	捐赠	0	0	0	0	2	1		
	其他	58	7	3	3	53	4		
应住院而未住院/人		36	1	12	1	245	15	21	3
未住院原因/人	没钱	6	0	9	1	161	6	16	3
	不愿住院	19	0	3	0	52	4	2	0
	医疗条件差	2	0	0	0	6	2	1	0
	觉得治不好	1	0	0	0	5	1	1	0
	医院无床位	1	0	0	0	2	0	0	0
	其他	9	1	0	0	23	2	1	0
是否住院/人		151	17	36	6	584	49	32	5

续表

变量类别	变量描述	职工医疗保险 60岁以上	职工医疗保险 80岁以上	居民医疗保险 60岁以上	居民医疗保险 80岁以上	新农合 60岁以上	新农合 80岁以上	未参加医疗保险 60岁以上	未参加医疗保险 80岁以上
住院次数	非零样本均值	1.55	1.94	1.5	1.5	1.43	1.47	1.91	1
医院级别	非零样本均值	1.56	1.38	1.11	1.17	1.34	1.37	1.08	1
到医院距离/千米	非零样本均值	13.32	5.18	4.59	10.67	39.24	23.71	14.36	3.17
交通成本/元	非零样本均值	20.7	30.89	7.4	5.5	40.28	25.22	23.05	14
医疗支出/元	最大值	110000	100000	70000	10000	120000	40000	30000	8000
	非零样本均值	15583	20800	9758.3	3500	7023.2	5637.2	5120.7	3450
自付费用/元	最大值	55000	10000	10000	8000	120000	20000	30000	7000
	均值	5601.3	3828.57	3109.6	2620	4847.9	3277.6	4866.7	3200
全额自付人数		21	3	6	0	163	12	21	3

出现在60岁以上而不是80岁以上老年人群体,且除了职工医疗保险组以外,其他各组60岁以上老年人医疗支出的均值均大于80岁以上老年人;最后,购买补充医疗保险的人还很稀少,即便是更有能力购买或享受补充医疗保险的职工医疗保险组受访者也仅有约5%的人拥有补充医疗保险。

2.3 住院行为的实证模型

2.3.1 两部模型

1. 自变量

表2-3列出本研究认为可能影响住院条件概率的自变量,其中的分类变量经SPSS软件重新编码后取值,其中参照组取值为0。第一部分模型的连续自变量包括年龄、受教育程度、家庭人均收入、年缴保费以及排序变量——自评健康,其余为分类变量。先分别用单变量进行Logistic回归,发现受教育程度、自评健康、是否独居、补充医疗保险、报销方式和年缴保费在单变量模型中不显著(Sig>0.1)。

表2-3 变量对照表

变量	名称	变量说明
z_1	职工医疗保险	参加职工医疗保险=1,否则=0
z_2	居民医疗保险	参加居民医疗保险或城乡居民基本医疗保险=1,否则=0
z_3	新农合	参加新农合=1,否则=0
z_4	是否独居	家庭人数>1,则=1,否则为0
z_5	补充医疗保险	有补充医疗保险=1,无补充医疗保险=0
z_6	报销方式	当时报销=1,先行垫付=0
z_7	性别	男性=1,女性=0
z_8	年龄	年龄=2011-出生年份
z_9	受教育程度	按最高学历水平的学制计算的受教育年限
z_{10}	自评健康	1~6升序排列,代表由极好到很不好
z_{11}	家庭人均收入	家庭人均收入=家庭总收入/家庭人数
z_{12}	年缴保费	每年缴纳的保险费数额

2. 模型拟合

在进行模型拟合前利用多元线性回归对单变量模型中显著的5个自变量作多

重共线性进行检验，结果显示，特征值有两个接近于0（特征值<0.05），条件指数最大值为30.772，VIF值没有一个超过5，最大值为4.391，据此判断这些自变量间可能存在多重共线性，但其程度不会对方程的参数估计造成严重影响。在筛选自变量方面，模型拟合给出了后退法（LR）的结果，如表2-4中所示，只有年龄和医疗保险类型的系数显著（Sig<0.1）。

表 2-4　Logistic 回归模型参数估计

估计方法	变量	B	Sig	exp(B)	exp(B) 的95%置信区间 下限	上限
	年龄	0.022	0.050	1.022	1.000	1.045
	医疗保险类型		0.003			
后退法（LR）	职工医疗保险	1.330	0.000	3.782	1.831	7.812
	居民医疗保险	0.617	0.169	1.853	0.770	4.463
	新农合	0.637	0.041	1.890	1.027	3.479
	常量	−1.035	0.235	0.355		

3. 模型评价与解释

在剔除变量的过程中，对数似然值略微增加，从约1119增长为约1123，每一步剔除自变量对模型卡方的影响都不显著(Sig>0.1)，且Cox&Snell R方和Nagelkerke R方也仅略微下降，说明模型拟合度并没有因为剔除自变量而有显著变化。同时，表2-5显示进入法模型和后退法模型都通过了Hosmer和Lemeshow检验(Sig>0.1)，表明预测值和实际观测值之间没有显著差异即模型拟合度较好。综上，使用后退法所得到的模型是合理的。

表 2-5　Hosmer 和 Lemeshow 检验

步骤	卡方	Df	Sig
1	9.768	8	0.282
9	1.356	8	0.995

由表2-4中各自变量的系数可以计算得到三种基本医疗保险对于老年人住院行为决策的影响程度。由于需要住院治疗的疾病或意外伤害的致命程度相对较高，所以由其他因素决定老年人是否选择住院治疗的部分有限。在这部分概率中，医疗保险无疑有着显著的作用，但这种需要住院时相对于没有医疗保险老年人所提高的住院概率会随着年龄的增长而逐渐减小。exp(B)的值即为该变量对odds值的边际效应，医疗保险类型的exp(B)数值表示参加某种医疗保险的同龄老年人需要住院治疗时去住院的概率与不住院

概率比值——住院概率的优势,是对照组的多少倍,即为此种基本医疗保险的住院概率 OR 值,职工医疗保险 OR 值为 3.782 属于强关联,居民医疗保险 OR 值为 1.853,新农合 OR 值为 1.890 都为中等关联;对于参加医疗保险类型相同的老年人,年龄增长一岁,其住院概率的优势增加 2.2%。转换到住院概率来看,现以一个未参加任何医疗保险的老年人为参照,60 岁时,参加职工医疗保险者在医生建议住院的情况下其住院概率比无医疗保险者提高约 26.3%,然而这个概率差到了 100 岁时只有 16.1%,取其均值,职工医疗保险组比无医疗保险组遵医嘱住院的概率高出约 21.3%;参加居民医疗保险的老年人相比对照组,其发生住院行为的概率平均提高约 11.8%,但不显著(Sig>0.1);参加新农合的老年人遵医嘱去住院的概率比对照组同样平均高出约 11.8%。另外,年龄也是一项重要因素,随着年龄增长,老年人的住院概率也在增长且不同医疗保险类型的增加幅度也不同。

2.3.2 样本选择模型

1. 自变量与模型拟合

筛选自变量的范围和表 2-3 相同,同样先用单一变量代入 Probit 模型,发现显著的自变量有年龄、家庭人均收入、年缴保费的对数、职工医疗保险、居民医疗保险和新农合,但在模型拟合中发现,家庭人均收入系数不显著。

对以上几个显著的自变量进行多重共线性检验,可知 VIF 值仅一个大于 5,为 5.726,特征值有 2 个接近 0,条件指数最大值为 29.94,说明模型中可能存在多重共线性,但不会严重影响参数估计的值(表 2-6)。

表 2-6　Probit 模型参数估计

	参数	估计	标准误差	z	Sig	95% 置信区间 下限	95% 置信区间 上限
Probit	年龄	0.012	0.007	1.849	0.065	−0.001	0.025
	职工医疗保险	0.896	0.224	3.998	0.000	0.457	1.335
	居民医疗保险	0.752	0.310	2.428	0.015	0.145	1.360
	新农合	0.709	0.227	3.123	0.002	0.264	1.154
	年缴保费(对数)	−0.098	0.037	−2.652	0.008	−0.171	−0.026
	截距	−0.524	0.511	−1.027	0.304	−1.035	−0.014

2. 模型评价与解释

由表2-7可知，卡方检验中模型不能拒绝原假设，表示拟合度较高。

表 2-7 卡方检验

		卡方	Df	Sig
Probit	Pearson 拟合度检验	1049.236	1043	0.440

对于Probit模型自变量系数的直接解释是自变量每增加1单位住院的概率密度增加的数值，也可以转化为OR值即Logistic模型中的$exp(B)$进行比较。以一位70岁每年缴纳220元职工医疗保险保费的老年人及同年龄无医疗保险老年人为例，计算得到职工医疗保险的住院概率约75.28%，则OR值为1.835；若该老年人参加保费120元的居民医疗保险，OR值约为1.591；若参加每年保费50元的新农合，则OR值约为1.71。这些都属于中等联系且相比Logistic模型的OR值较低，尤其是职工医疗保险仅相当于前者的约二分之一。

2.4 住院费用的实证模型

利用调查问卷中的住院需求的相关问题，将所有老年人受访者划分为需要住院和无需住院两类，并针对需要住院的老年人进行建模。在需要住院的老年人受访者中研究参加医疗保险类型对住院决策的影响，可在一定程度上排除不同疾病风险和意外风险等因素对住院行为决策的前提——是否有住院需求，产生的难以观测和计量的干扰。

2.4.1 两部模型

1. 自变量

通过对连续定量变量的对数变换可以大幅缩小值域减少异常值对模型系数估计的影响，另外连续自变量通过对数变换往往能减小其偏性而更加接近正态分布，从而提高模型的拟合优度。在第二部分模型中需要进行对数变换的自变量有：家庭人均收入、年缴保费、交通成本、到医院距离。

表2-8列出第二部分模型所关心的被解释变量和从调查数据中选择的可能影响住院医疗支出的自变量。

第2章 医疗保险对老年人群住院行为及负担的绩效评价

表 2-8 变量对照表

变量		名称	变量说明
因变量	y_1	住院医疗费用（对数）	住院行为决策模型所估计的住院概率条件下实际医疗支出的对数
	y_2	自付比例	自付比例=自付医疗费/住院医疗费用×100
自变量	x_1	年龄	同 z_9
	x_2	性别	同 z_8
	x_3	受教育程度	同 z_{10}
	x_4	家庭人均收入（对数）	家庭人均收入的对数
	x_5	自评健康	同 z_{11}
	x_6	职工医疗保险	同 z_1
	x_7	居民医疗保险	同 z_2
	x_8	新农合	同 z_3
	x_9	年缴保费（对数）	每年缴纳基本医疗保险费的对数
	x_{10}	补充医疗保险	同 z_6
	x_{11}	报销方式	同 z_7
	x_{12}	交通成本（对数）	就医所花费单程交通成本的对数
	x_{13}	到医院距离（对数）	到住院医院单程距离的对数
	x_{14}	医院级别	住院医院的级别，县/市/区级=1，地/市级=2，省/部属=3，军队=4，其他=5

2. 模型拟合

在住院医疗费用模型中，用逐步回归法得到表2-9中所示 y_1 方程的自变量系数估计，并做多重共线性诊断，发现其条件指数都不大于30，最大值为5.158，没有特征值近似为0，而所有VIF值也没有超过10，于是判断模型中应当不存在多重共线性。

表 2-9 两部模型-住院医疗费用（对数）

变量	回归系数	标准误差	T	Sig	exp（B）	R方	调整的R方	F值	Sig
常量	6.946	0.090	76.854	0.000					
医院级别	0.415	0.051	8.116	0.000	1.5147				
职工医疗保险	1.087	0.113	9.618	0.000	2.9666	0.284	0.280	74.215	0.000
到医院距离（对数）	0.189	0.035	5.461	0.000					
居民医疗保险	0.611	0.192	3.183	0.002	1.8421				

3. 模型评价与解释

自变量的系数估计和常量都显著(Sig＜0.05)，且模型在 F 检验中具有显著性，结合观察标准化残差的P-P图和标准化残差图，显示残差同方差并服从正态分布，因此，可认为模型是显著且有效的。

在住院医疗费用模型中，自变量的系数表示该自变量对医疗费用对数值的边际效应，为方便解释，本章转化为$\exp(B)$，其具体含义是自变量每增加1引起住院费用期望值变化的倍数。首先，对本章最关心的医疗保险类型变量，根据其系数的估计值可知，相对于过去一年曾住院的未参加医疗保险老年人，参加职工医疗保险的老年人的住院费用是其约2.97倍，参加居民医疗保险的老年人住院费用是对照组的约1.84倍，新农合的作用不显著；其次，医院级别提升——譬如，由县/市/区级医院提高到地/市级医院，和到医院距离的增加都与住院支出增长具有关联性，医院级别提高一级，住院费用将增加约51.47%，到医院距离进行了对数变换导致其系数的解释方式不同于前述变量，距离0～100公里时，每增加5公里住院费用平均增长10.03%，距离100～3000公里时，每增加100公里平均增长7.23%。如果将描述性分析中得到的三种医疗保险老年人住院医院的级别和到医院距离的均值代入模型，则可以得到他们的平均住院支出水平，职工医疗保险的平均住院支出水平大约是无医疗保险平均住院支出的3.57倍，居民医疗保险的平均住院支出大约是无医疗保险平均住院支出的1.5倍，新农合人群平均住院支出大约是无医疗保险人群平均住院支出的1.35倍。

2.4.2 样本选择模型

1. 自变量及模型拟合

样本选择模型第二部分的自变量选择范围和两部模型相同，只是额外加入了逆米尔斯比率（inverse Mills ratio）[①]λ。同样采用逐步回归法筛选变量，得到模型的系数估计，从表2-10和表2-9的对比可知，两种模型多数显著自变量相同，样本选择模型比两部模型多出了受教育程度和逆米尔斯比率，检验这些自变量的多重共线性，可以判断它们之间可能存在较弱的共线性，不会影响系数估计。

---

① 逆米尔斯比率为标准正态密度函数和标准正态累积分布函数在累积概率为预测条件住院概率 p 处的比值。

表 2-10 样本选择模型-住院医疗费用（对数）

变量	B	标准误差	T	Sig	exp(B)	R方	调整的R方	F值	Sig
常量	7.418	0.257	28.894	0.000					
医院级别	0.410	0.051	8.031	0.000	1.507				
职工医疗保险	0.798	0.156	5.123	0.000	2.222				
到医院距离（对数）	0.191	0.035	5.531	0.000		0.292	0.287	51.337	0.000
居民医疗保险	0.562	0.193	2.911	0.004	1.755				
逆米尔斯比率	−1.292	0.565	−2.287	0.022	0.275				
受教育程度	0.026	0.013	1.998	0.046					

2. 模型评价与解释

与两部模型相比，调整的R方略微提高，F检验同样显著，说明从拟合度来看两个模型相差不大；再结合观察样本选择模型住院费用部分的标准化残差P-P图和标准化残差图，可知该模型也是显著且有效的。

首先，逆米尔斯比率与预测的条件住院概率呈负向关系，而此处它的系数估计为−1.292，因此，条件住院概率与住院支出呈正向关系。其次，其他自变量系数的解释和两部模型类似，可转化为exp(B)进行说明；于是，由表2-10可知，职工医疗保险住院医疗费是无医疗保险住院医疗费的1.222倍，居民医疗保险住院医疗费比无医疗保险住院医疗费高75.5%，新农合的影响在模型中不显著，医院级别和到医院距离（对数）的系数与两部模型几乎相同，它们的边际效应也维持不变；另外，受教育程度也与住院支出有正向关系。

2.5 自付比例的实证模型

1. 自变量与模型拟合

自付比例模型中，自变量选择范围与住院支出模型相同，也用逐步回归法得到表2-11中所示 y_2 的自变量参数估计，检查其多重共线性，判断模型中几乎不存在或仅有较弱的共线性。

表 2-11 自付比例的参数估计

变量	系数	标准误差	T	Sig	R方	调整的R方	F值	Sig
常量	75.170	6.441	11.670	0.000	0.118	0.111	16.605	0.000
职工医疗保险	−44.488	6.685	−6.655	0.000				

续表

变量	系数	标准误差	T	Sig	R方	调整的R方	F值	Sig
居民医疗保险	-38.347	8.461	-4.532	0.000				
新农合	-23.698	6.776	-3.497	0.000				
报销方式	6.715	2.660	2.525	0.012	0.118	0.111	16.605	0.000
交通成本（对数）	2.166	0.912	2.375	0.018				
年缴保费（对数）	1.856	0.887	2.093	0.037				

2. 模型解释

该模型自变量系数的解释比较直接。根据表2-11的系数估计和简单计算可以得到，以未参加医疗保险的老年人作对照组，参加职工医疗保险的老年人住院医疗费自付比例降低44.488%，参加居民医疗保险的老年人住院医疗费自付比例降低38.347%，参加新农合的老年人住院医疗费自付比例降低23.698%。此外，报销方式、住院的交通成本和年缴保费金额也是显著影响自付比例的自变量。看病当时即可报销的老年人住院医疗费比自己先行垫付的住院医疗费自付比例高出约6.7%。另外两个连续变量由于做了对数变换，于是其对自付比例的边际效应随原值增大而减小。对于年缴保费，年缴100元内每增加5元，自付比例平均提高约0.29%；年缴100~1000元时，每增加100元，自付比例平均提高约0.47%；对于去就医的交通成本，100元内每增加5元，自付比例平均提高0.34%，100~1000元阶段，每增加100元，自付比例平均提高0.55%。

在模型中，报销更及时的、缴纳保费越多的自付比例却会升高，似乎有些矛盾，但模型又几乎不存在多重共线性检验——参数估计应当没有受干扰。本章认为，这种情况可能出于以下原因：从描述性统计的结果可以看出，职工医疗保险参保人员当时即可报销的比例最高，同时他们缴纳保费的金额又与其他两种基本医疗保险相对固定的保费档次不同，以上海市为例，2023年度（2023年7月）上海市职工社会保险缴费标准中医疗保险是单位10%、个人10%[1]，因此，工资越高其缴纳保费的金额越高，但职工医疗保险的保障程度并不会因此提高，于是相对的自付比例反而随年缴保费增加而上升了。

---

[1] https://rsj.sh.gov.cn/tshbxjfjs_17348/20230829/t0035_1417934.html。

2.6 本章结论与对策建议

2.6.1 模型比较与结论

对比两部模型和样本选择模型（表2-12），发现在预测的条件住院概率和住院医疗费用部分的系数估计方面，两种模型差别不大且调整的R方几乎相等，主要差异在于Logistic模型没有选入保费作为自变量，导致数值代入Probit模型后各种医疗保险的作用程度——特别是保费最高的职工医疗保险，低于Logistic模型。但是，两种模型预测的条件概率在两相关样本的Wilcoxon秩和检验中不能拒绝原假设，即它们预测的值没有显著差异。另外，在费用部分，样本选择模型中医疗保险和医院级别的exp(B)比在两部模型中略低，可能因为前者的显著变量较多、常量也较大，尤其是职工医疗保险，因其受教育程度和条件住院概率最高，于是exp(B)相对更低。综上，认为两种模型在本章的实证分析中没有本质差异，得出结论一致。

表 2-12 模型对比

	两部模型（概率） B	两部模型（概率） exp(B)	样本选择模型（概率） B	样本选择模型（概率） exp(B)[a]	两部模型（支出） B	两部模型（支出） exp(B)	样本选择模型（支出） B	样本选择模型（支出） exp(B)
常量	−1.035[b]	0.355	−0.524[b]	0.416	6.946		7.418	
职工医疗保险	1.33	3.782	0.896	1.835	1.087	2.9666	0.798	2.222
居民医疗保险	0.617[b]	1.853	0.752	1.591	0.611	1.8421	0.562	1.755
新农合	0.637	1.890	0.709	1.71				
医院级别					0.415	1.5147	0.410	1.507
年缴保费（对数）			−0.098					
到医院距离（对数）					0.189		0.191	
逆米尔斯比率							−1.292	0.275
年龄	0.022	1.022	0.012					
受教育程度							0.026	1.026
调整的R方					0.280		0.287	

注：a 表示此模型中的不同医疗保险的exp(B)为代入所有变量数据后计算得到；
　　b 表示变量系数的显著性大于0.1。

本章以CHALS全国基线调查数据为样本，对参加不同医疗保险老年人的条件住院概率，由此产生的住院费用和自付比例进行了实证分析，得出以下结论。

第一，医疗保险对老年人住院决策有显著正向作用。参加不同医疗保险的老年人遵医嘱住院的概率显著不同，且基本与医疗保险保障程度呈正向关系。在需要住院治疗时使老年人提高做出住院决策的概率最多的是职工医疗保险，比无医疗保险老年人多五分之一，而新农合与居民医疗保险的作用差不多都能提高约10%的住院概率。另外，由于年龄的影响，参加医疗保险的作用在低龄老年人中更为明显。

第二，医疗保险对老年人住院医疗费用及支出有显著积极作用。相对住院决策而言，医疗保险在住院医疗费用和自付比例方面的作用似乎更强。职工医疗保险的住院医疗费用可高达无医疗保险的约3.57倍，自付比例不到50%；居民医疗保险的住院支出则接近无医疗保险的1.5倍，自付比例约53%；新农合大约是无医疗保险的1.35倍，自付比例为68.6%。

第三，医疗保险对老年人的实际医疗保障能力需综合评价。虽然职工医疗保险在模型中能使住院医疗费用的自付比例降低超过40%，但可能由于物价、经济承受能力更高或道德风险等因素，实际自付费用反而比其他组更高。因此，若要评价基本医疗保险的实际保障能力，除了自付比例和实际支付费用外还需结合参保群体的经济承受能力、选择住院的条件概率等进行综合考虑。

2.6.2 对策建议

第一，加强老年人医疗保险制度的研究和建立。医疗保险对老年人就医行为及费用支出有显著的积极作用，而由于我国医疗保障体制改革的历史原因，目前我国老年人医疗保险覆盖面、保障程度还存在较大的差距。一方面，要在现行医疗保险制度中，更加注重老年人就医报销比例的适应性及公平性，如对老年人常见的慢性病、大病、重病制定一些特殊办法；另一方面，要加大政府对老年人这一特殊弱势群体的扶助资金投入力度，借鉴发达国家建立专门针对老年人的医疗保险制度，发挥政府主导作用鼓励社会广泛参与，加快研究和建立老年人医疗救助体系。

第二，引导发挥商业健康保险对老年人医疗保障的作用。在社会医疗保障体系不够完善的情况下，可以通过商业健康保险来寻求更全面的健康保障。由于商业健康保险遵循自愿投保的原则，在精算条件下，老年人具有医疗风险概率大、程度高的特征，购买医疗保险常常遇到体检不过关、投保年龄限制、保费过高甚至与保额倒挂等方面的现实困难。作为推出老年人医疗保险的商业机构，从某种程度上承担了一定的社会责任，具有准公共产品的特征，建议政府对保险公司开展老年人医疗保险制定特别的监管规则，同时给予支持和优惠政策，加强宣传，引导有条件的人群购买特别是尽早购买充足的医疗保险，以达到转嫁风险的目的，减轻个人和家庭负担。

第三，进一步完善医疗保险信息化建设。异地养老现象的出现和随子女工作迁移等情况使得老年人异地就医的需求增加。然而，目前医疗保险报销联网的范围仍然有限，各省省内联网已经实现，由此导致的报销门槛使基本医疗保险的作用大大降低，对某些老年人来说全额自付成为常态。因此，建议尽快在保障程度和范围类似的地区间实现跨省联网报销，实实在在降低老年人的医疗支出。在社会服务较为完善的地区应当逐渐建立、完善医疗保险信息共享和数据反馈系统。这不仅能够为评价和改进基本医疗保障制度提供可靠的数据支持，也能全面了解地区民生动态，更加公平、有效地为民众提供医疗服务，有助于从根源上缓解医患矛盾。

第3章　城乡医疗保险对自评健康的影响绩效

3.1　引言

我国基本医疗保障体系由职工医疗保险、居民医疗保险、新农合构成，目前参保人数已经覆盖了全国城乡居民的95%，基本实现了每个人都医有所保的目标。但在我国独有的三元并立的医疗保险体制中，居民只能凭借自己的身份参加医疗保险，不具有主动选择的权利。而不同保险存在着缴费水平、参保要求、医疗待遇、服务可及性等的差异。在目前新型城镇化的大背景下，这种医疗保险的横向差异已然成为阻碍人口流动的不利因素。事实上，在2009年，新型农村合作医疗部际联席会议提出要"做好新农合、城镇居民基本医疗保险的衔接，推动两项制度平稳协调发展"[①]。2009年，《中共中央 国务院关于深化医药卫生体制改革的意见》中明确强调要实行"建立覆盖城乡居民的基本医疗卫生制度""加快建立和完善以基本医疗保障为主体，其他多种形式补充医疗保险和商业健康保险为补充，覆盖城乡居民的多层次医疗保障体系"[②]。可见城乡医疗保险统筹已经成为新医改的必然趋势，所以对城乡医疗保险对参保个体的影响绩效差异开展研究是很有必要性和现实意义的。

两类保险的差异也揭示了基本医疗保险的城乡差异，是新医改城乡统筹关注的重要部分。在统筹城乡医疗保险推进过程中，如果对居民医疗保险和新农合两类体制的绩效差异进行有效评估的话，可以为统筹提供实证基础和参考依据。

健康作为人生存发展的坚实基础，一直以来被视为人不可或缺的权利，基于此，联合国发展署曾将人类的健康发展定位为人类发展的最终目标。为促进我国人民的健康发展，党的十八大以来，建立健全多层次的医保体系一直稳步

[①] 来源：http://www.zsdpf.org.cn/xxgk/ztbd/cjrshbztxhfwtxjszt/zgcldt/content/61/1111.html。
[②] 来源：中国政府网 https://www.gov.cn/gongbao/content/2009/content_1284372.htm。

进行，以此来确保民众能够实现病有所医，维护自身的健康权利。在此过程中，医疗保险日益展现出其风险保障功能和社会稳定器的作用。2016年10月《"健康中国2030"规划纲要》发布，标志着我国健康保障事业拉开新的历史篇章。党的二十大报告中指出，人民健康是民族昌盛和国家强盛的重要标志。并进一步明确健全覆盖全民、统筹城乡、公平统一、安全规范、可持续的多层次社会保障体系。扩大社会保险覆盖面，健全基本养老、基本医疗保险筹资和待遇调整机制，推动基本医疗保险、失业保险、工伤保险省级统筹。

医疗保险对人的健康水平产生的作用为医疗保险的健康绩效，医疗保险可以通过改变个体健康行为、缓解个体心理压力、改变个体预防性储蓄及消费行为、提高医疗服务利用率等方面对个体的健康产生积极或者消极的影响。

现阶段，由基本医疗保险以及商业医疗保险组成了我国的医疗保障体系。根据《国务院关于整合城乡居民基本医疗保险制度的意见》，整合城镇居民基本医疗保险和新型农村合作医疗两项制度，建立统一的城乡居民基本医疗保险制度[1]。就目前的学术研究而言，基本医疗保险的健康绩效评价是学术界较为关注的话题。现有研究表明，基本医疗保险对居民的健康起到促进作用。例如，程令国和张晔（2012）对新农合的健康绩效进行研究，研究发现新农合显著促进了参合者的健康水平的提高。潘杰和雷晓燕（2013）则聚焦于城镇居民基本医疗保险，探究其健康绩效状况，发现其对参保者的健康状况起到促进作用。陈华和邓佩云（2016）将健康指标划分为短期和长期，对城镇职工基本医疗保险的长短期健康绩效相关问题进行研究，结果显示参保人群的健康状况要优于未参保人群，并在长期也有着显著效应。

由于保基本和广覆盖的基本定位决定了社会基本医疗保险的保障强度和力度较为有限，为进一步完善医疗保障体系，促进其高质量、高水平发展，商业医疗保险弥补了基本医疗保险保障水平低的不足之处，为居民的健康发展发挥着重要的作用。近年来，政府部门出台了相应的指导性文件，诸如《国务院办公厅关于加快发展商业健康保险的若干意见》等，使商业健康保险在深化医药卫生体制改革、发展健康服务业、促进经济提质增效升级中发挥"生力军"作用[2]。

因此，在医疗保险的具体绩效评价上，健康的绩效无疑是最终也最能体现

---

[1] 来源：中国政府网 https://www.gov.cn/xinwen/2016-01/12/content_5032319.htm。
[2] 来源：中国政府网 https://www.gov.cn/zhengce/content/2014-11/17/content_9210.htm。

医疗保险效果的指标。因此，本章将通过研究两种医疗保险项目对参保个体的健康水平的影响，来对两类保险对各自人群的影响绩效进行分析。使用CHARLS 2013年的个体数据，用个体自评健康作为评价指标来展示两类医疗保险关于健康产出上的绩效差异。

3.2 模型简介

自评健康作为被解释变量，是有序分类变量。而有序Probit模型可以通过建立不可测变量的回归模型来研究可测有序变量的变化情况，是本章分析的理想模型。我们将健康水平看作不可观测的潜变量Y_i^*，将可观测到的自评健康作为映射Y_i^*的变量Y_i，其具有从很不健康到极好共六个取值。构造模型如下

$$Y_i^* = \beta X_i + \varepsilon_t \tag{3.1}$$

其中，X_i表示解释变量，β是变量前的待估系数，ε_t作为随机误差，此处给予其符合标准正态分布的假定。Y_i^*与Y_i之间的响应关系如下

$$Y_i = \begin{cases} 1, & Y_i^* \leq \omega_1 \\ 2, & \omega_1 < Y_i^* \leq \omega_2 \\ 3, & \omega_2 < Y_i^* \leq \omega_3 \\ \vdots & \vdots \\ 6, & Y_i^* > \omega_5 \end{cases} \tag{3.2}$$

其中ω_1到ω_5是Y值产生变化的阈值，也是一组待估参数，从ω_1到ω_5递增。再考虑到ε_t服从标准正态分布，用Φ表示标准正态分布的分布函数，将（3.1）式和（3.2）式结合后可以得到Y_i的分布如下

$$\Pr(Y_i = j | X_i) = \begin{cases} \Phi(\omega_j - \beta X_i), & j=1 \\ \Phi(\omega_j - \beta X_i) - \Phi(\omega_{j-1} - \beta X_i), & j=2,3,4,5 \\ 1 - \Phi(\omega_{j-1} - \beta X_i), & j=6 \end{cases} \tag{3.3}$$

由此可以得到模型的对数似然函数如下

$$\ln L = \sum_{i=1}^{n} \sum_{j=1}^{6} \ln\left[\Phi(\omega_j - \beta X_i) - \Phi(\omega_{j-1} - \beta X_i)\right] \tag{3.4}$$

其中定义$\Phi(\omega_0 - \beta X_i) = 0$，$\Phi(\omega_6 - \beta X_i) = 1$。由此通过最大化对数似然函数（3.4）式，我们便可以得到系数β以及一组ω_j的估计值。

3.3 数据说明及变量描述

3.3.1 数据说明

本章所用的数据来源于CHARLS 2013年全国追踪调查数据。

考虑到研究对象为城镇居民保险以及新农合两类人群,本章从2013年全国样本中筛选出了仅参加了两类保险的样本,排除了其他可能存在的商业保险等的影响,在进一步去除了某些关键变量为缺失值的样本后,最终选取了8950个样本。其中男性样本4204个,女性样本4746个;参加城镇居民保险样本483个,参加新农合保险样本8467个。

需要指出的是,城镇居民医疗保险的参保对象以没有参加职工医疗保险的城镇未成年人与没有工作的居民为主,而新农合的参保对象是广大农民群体,两者参保对象范围的不同导致参保人数具有巨大的差异。再考虑到CHARLS对城镇居民医疗保险的参保者的广泛调查具有实际情况下的难度,所以本章所使用的样本中两类保险参保者较为悬殊的人数差异是客观决定的。

3.3.2 变量描述

经典的Grossman(1999)健康需求理论认为,消费者作为人力资本的投资者,通过时间以及市场产品的投入来为自己生产健康产品或健康投资品,以满足自身的投资需求。Grossman的健康需求理论研究了年龄、教育、工资、婚姻状况、种族、工作时间、卫生服务价格等对健康需求的影响。而后来相关的研究也对该理论进行了广泛深刻的补充。综合考虑了相关文献与数据可得性的基础上,本节选取以下积累指标作为模型自变量:①人口学,性别、年龄、教育程度;②经济变量,家庭年平均收入的对数;③医疗服务,医疗保险类型、到最近医疗机构的距离;④生活习惯,是否吸烟、是否喝酒;⑤个人体质,十五岁之前的健康水平、慢性病种数。

在因变量的选择上,使用合适的指标表示个体健康状况一直是学术界的一个难题。目前对于健康的衡量标准有很多,如残疾程度、质量调整的生命年(QALY)、伤残调整的生命年(DALY)、生活质量指标(quality of well-being scale, QWB)、自评健康状况(self-rated health status, SRH)、人体测量指标、投入法以及复合指标等。本章采取了自评健康状况作为模型的因变量。其作为CHARLS问卷中已有的问题，可得性强。虽然学术界常质疑自评健康指标具有一定的主观性，认为缺少医学知识的人和具有医学知识的人对自己的健康状况的评价所依据的标准显然是不同的。但CHARLS问卷就自评健康状况对采访者进行了两次询问，一次在体检前，一次在体检后，因此第二次的回答综合了个体的主观评价以及体检客观情况，一定程度上解决了主观性过强的问题。

本章使用的变量包含了离散型变量和连续型变量，将其分类后分别进行描述性统计得到了表3-1和表3-2。

表 3-1 离散型变量的描述性统计

变量	变量名称	变量描述	样本数	比例
gender	性别	0-男	4204	46.97%
		1-女	4746	53.03%
education	教育程度	1-小学及以下	6580	73.52%
		2-初中	1759	19.65%
		3-高中/中专/技校	584	6.53%
		4-大专及以上	27	0.30%
married	婚姻状况	0-未婚	1533	17.13%
		1-已婚	7417	82.87%
childhealth	15岁之前的健康状况	1-极好	803	8.97%
		2-很好	3302	36.89%
		3-好	2528	28.25%
		4-一般	1664	18.59%
		5-不好	653	7.30%
smoke	是否吸烟	0-不吸烟	5395	60.28%
		1-吸烟	3555	39.72%
drink	是否饮酒	0-不饮酒	5981	66.83%
		1-饮酒	2969	33.17%
insurance	参加的医疗保险	0-城镇居民医疗保险	483	5.40%
		1-新农合保险	8467	94.60%
health	自评健康	1-极好	47	0.53%
		2-很好	823	9.20%
		3-好	1238	13.83%
		4-一般	5017	56.06%
		5-不好	1619	18.09%
		6-很不好	206	2.30%

表 3-2　连续型变量的描述性统计

变量	变量名称	均值	标准差	最小值	最大值
age	年龄	60.713	8.992	46	89
distance	到最近医疗机构的距离/km	1.27	4.017	0	35
income	年收入的对数值	7.772	1.819	0	12.234
illcount	患有慢性病人数	2.427	1.366	0	9

为了更细致地对自评健康的差异性进行描述，对不同性别、年龄、医疗保险类型下个体健康水平的差异进行描述。

表3-3是不同年龄段以及性别下自评健康的差异。可以发现，60岁以上的老年人群体自评为极好、很好、一般的比例都低于中年人，自评为不好的比例则高出了5个百分点。这符合我们的传统观念，健康资本随着年龄增长而折损（谷琳和乔晓春，2006）。我们对自评健康和年龄进行了相关性检验，也证实了年龄对自评健康有显著性影响。

从表3-3也可见不同性别下自评健康也存在较明显的差异。女性自评健康为不好的比例比男性高了约6个百分点，而自评为好、很好、极好的比例都低于男性。常见研究认为由于生物因素赋予女性较强的生存能力，女性人口死亡率低于男性，预期寿命高于男性。

表 3-3　自评健康的年龄及性别差异

自评健康	45～60岁	60岁以上	男	女
极好	0.90%	0.39%	0.73%	0.58%
很好	10.73%	8.20%	10.84%	8.30%
好	13.79%	13.90%	15.27%	12.58%
一般	57.12%	54.36%	56.59%	55.04%
不好	15.35%	20.53%	14.73%	20.67%
很不好	2.11%	2.62%	1.83%	2.83%

我们将两类医疗保险人群的自评健康的分布进行了比较，发现在全样本下，城镇居民保险人群中自评健康为好的比例高于新农合的群体，但并不是特别显著。而如果单独对老年人群体进行分析，可以发现不同医疗保险下老年人自评健康分布差异十分显著，分布差异如图3-1。新农合保险下的老年人选取极好、很好、好以及一般的比例都低于城镇居民保险下的老年人。城镇

居民保险下的老年人选取不好的比例比新农合下的老年人低。可见老年人自评健康水平在城乡尺度上的分布差异是存在的。考虑到我国57%的老年人是农村老年人，农村老年人的医疗服务需要得到更多的重视（杜鹏，2013）。

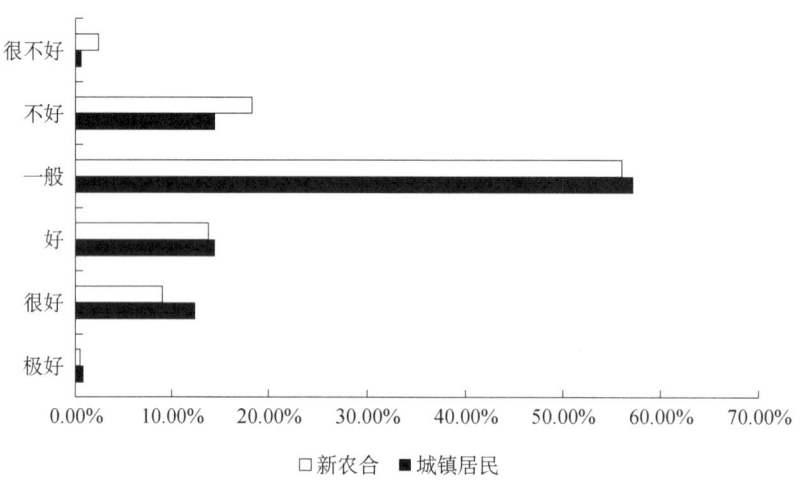

图 3-1　两类医疗保险下老年人个体自评健康分布

3.4　实证分析

为了更细致地了解老年人群体中各变量是如何影响绩效的，在对全样本回归分析以后，将样本按年龄段分类后分别进行了回归。使用 SAS 软件得到的有序 Probit 模型的回归结果如表 3-4。需要说明的是，在处理模型时，为了避免出现多重共线性问题，诸多哑变量都有一个水平作为基准而没有录入模型。具体为女性样本、已婚样本、教育水平为大学及以上、新农合样本、15 岁之前健康情况为差的样本、是否吸烟的样本、是否饮酒的样本都作为对应变量的基准。经过方差膨胀检验后各变量 VIF 值都远低于 10，可以认定录入模型的变量不存在较大的共线性问题。

表 3-4　Probit 模型全样本及分年龄段分组回归结果

自变量	全样本 系数	全样本 P值	45~60岁 系数	45~60岁 P值	60岁以上 系数	60岁以上 P值
insurance	0.1831	0.0006	−0.0064	0.9326	0.3594	<0.0001
gender	0.0744	0.0280	0.0919	0.0717	0.062	0.1729

续表

自变量	全样本		45～60岁		60岁以上	
	系数	P值	系数	P值	系数	P值
childhealth	0.3239	<0.0001	0.4056	<0.0001	0.2512	0.0021
	0.2307	<0.0001	0.3419	<0.0001	0.1318	0.0435
	0.1555	0.0012	0.2609	0.0002	0.068	0.3075
	0.1349	0.0076	0.1884	0.01	0.0969	0.167
education	−0.3382	0.1102	−0.2631	0.2893	−0.6736	0.1049
	−0.313	0.1401	−0.2256	0.3636	−0.6702	0.1083
	−0.213	0.3216	−0.0972	0.6982	−0.6966	0.1044
smoke	0.057	0.0812	0.0769	0.1188	0.0399	0.364
drink	−0.2446	<0.0001	−0.2514	<0.0001	−0.242	<0.0001
income	0.05	<0.0001	0.0432	<0.0001	0.0627	<0.0001
age	−0.0016	0.2345	0.0006	0.8901	−0.0023	0.4027
distance	−0.0112	<0.0001	−0.0139	0.0006	−0.0086	0.0342
illcount	−0.2243	<0.0001	−0.2551	<0.0001	−0.2012	<0.0001
Pearson 卡方 / Df	1.2267		1.2990		1.2210	
P值	<0.0001		<0.0001		<0.0001	

从全样本的回归结果来看，参加医疗保险类型、15岁之前健康状况、是否饮酒、收入、社区距最近医疗点距离、患有慢性病种数的回归系数在1%的水平上都有显著。是否吸烟变量在10%的水平上显著，性别、教育水平（整体）在5%的水平上显著。以下是对全样本分析中各个变量影响的方向和大小的详细分析。

在个人基本特征方面，男性样本的健康水平显著高于女性样本。年龄变量前的系数为负，与传统理论相符，随着年龄增长个体健康水平应当下降。教育程度三个水平的变量前的系数由于 P 值较低，具有一定参考价值，其都为负说明在以大学以及上的样本为基准时，三类教育水平的样本的健康水平都较之更低。而且由其系数值分别为 −0.3382，−0.313，−0.213 可以得到结论，学历越低，个体自评健康也倾向于更低的水平。受更高教育的个体具有更高层次的社会交往，且对自身健康的关注度更高，对疾病的预防意识也更强，自然自评健康有更好的表现。

在经济变量方面，收入的对数值前的系数为正，这表明收入对自评健康有积极影响。本章使用家庭人均收入作为个体对应的收入，考虑到选取的样本为城镇里基本没有工资和养老金收入的群体以及农村中从事家庭经营性劳动的群体，个体的健康投资主要由家庭成员共同担负，所以家庭人均收入自然对样本的健康水平有显著影响。

在个人体质方面，15岁之前的健康状况变量的各状况的变量系数都为正，且年轻时身体越健康的个体中年以后健康水平也越高。可以理解为个人体质对个体中年乃至晚年的健康都有较强的影响。患有慢性病种数前的系数显著为负，说明慢性病越多，身体健康水平越差。

在生活习惯方面，不吸烟的样本具有更好的自评健康表现，与传统的吸烟有害身体健康的想法相符。而饮酒却对个体的自评健康有积极影响，这违背了我们的传统观念。对此作者认为可能是变量的划分过于粗略，是否饮酒的样本中包含了饮酒过量以及饮酒适量的样本。另一种解释是饮酒的人具有更乐观的心态，也倾向于更高的自评健康。

医疗可及性方面，由社区距最近医疗点距离变量前系数为负可知，个体所在社区距离医疗点越远，越不利于其身体健康。因为个体所在社区距离医疗点的远近决定了其接受医疗卫生服务的便利与否，对其健康自然有一定影响。

在本章最为关注的医疗保险的影响方面，全样本回归中个体保险类型前的系数具有显著性，但事实上通过分组后回归我们发现，45～60岁的中年人群中医疗保险类型并不能对个体自评健康产生显著影响。可以认为中年人对医疗服务利用频率较低，享受保险的次数较低，所以保险政策还不足以对其健康产生明显的影响。而在60岁以上分组样本的回归结果中，医疗保险类型变量前的系数在1%的水平上显著，系数值为0.1795。这说明老年人群中新农合参保个体与城镇居民保险个体的健康水平有显著差异，且城镇居民保险的参保老年人倾向于具有更好的自评健康。

以上回归结果证实了我们对于医疗保险存在城乡差异的判断。同时，中年人与老年人群体对医疗保险具有不同的敏感性也反映出可能弱势群体的就医选择、服务利用水平都易受到基本医疗保险政策的影响，从而自评健康上也更能反映出不同保险类型的绩效差异性。考虑到慢性病患者属于门诊率、住院率较高的群体，也是易出现因病致贫现象的类型人群，此处进行了以是否患有慢性病为依据分组后的分类回归。

对比两个模型结果中医疗保险类型变量的系数和显著性（如表3-5所示），无慢性病人群中医疗保险回归系数仅在10%水平上显著，而有慢性病人群中回归系数在1%水平上显著,一定程度上说明有慢性病人群中医疗保险类型对个体健康有更显著的影响。在慢性病群体医疗服务的利用过程中,医疗保险待遇应该是一个重要的影响因素,而对于没有慢性病的相对健康人群,医疗更偏重突发性的急性疾病的门诊等,医疗保险的影响相对而言没有特别显著。

表 3-5　以是否患有慢性病分组后回归结果

自变量	无慢性病 系数	无慢性病 P 值	有慢性病 系数	有慢性病 P 值
insurance	0.1758	0.0773	0.1795	0.0043
gender	0.0519	0.3935	0.0834	0.0414
childhealth	0.3979	0.0004	0.3032	<0.0001
	0.2973	0.0017	0.1978	0.0003
	0.2374	0.0146	0.1243	0.0252
	0.059	0.5642	0.1731	0.003
education	−0.1974	0.6279	−0.3868	0.1186
	−0.1892	0.6426	−0.3586	0.1489
	0.0427	0.917	−0.3582	0.1568
smoke	0.0865	0.1334	0.0398	0.3177
drink	−0.2065	<0.0001	−0.2674	<0.0001
income	0.0497	<0.0001	0.0499	<0.0001
age	−0.0051	0.0355	0.0005	0.7664
distance	−0.0096	0.035	−0.0126	0.0006
illcount			−0.1823	<0.0001
Pearson 卡方 / Df	1.0109		1.1810	
P 值	0.1761		<0.0001	

进一步,我们在此处依据性别分组后进行回归来了解医疗保障对男性群体和女性群体的影响绩效差异性。

由表3-6的回归结果可以发现女性群体中医疗保障类型对自评健康有显著影响,参加城镇居民基本医疗保险的群体具有更好的健康表现。而在男性群体中,不同医疗保障下的参保个体并不具有显著的自评健康差异。这说明相比于社会地位占优、所享受医疗资源更丰富的男性,女性群体的就医选择、更加依赖于医疗保险的待遇水平,城乡医疗保险的绩效差异性在女性群体中也有更显著的体现。

表 3-6 按性别分类后的回归结果

自变量	女性群体 系数	女性群体 P值	男性群体 系数	男性群体 P值
insurance	0.2526	0.0002	0.064	0.4465
childhealth	0.3404	<0.0001	0.2948	0.0006
	0.261	<0.0001	0.1889	0.0103
	0.1654	0.0079	0.138	0.0685
	0.1596	0.0164	0.1018	0.1938
education	−0.4795	0.2099	−0.2769	0.2785
	−0.429	0.2626	−0.2804	0.2736
	−0.3647	0.3477	−0.158	0.542
smoke	0.0353	0.551	0.0743	0.0601
drink	−0.2419	<0.0001	−0.2448	<0.0001
income	0.0417	<0.0001	0.0588	<0.0001
age	0.0001	0.9638	−0.004	0.0552
distance	−0.0141	0.0005	−0.0083	0.0417
illcount	−0.2238	<0.0001	−0.2248	<0.0001
Pearson 卡方 / Df	1.1916		1.2440	
P 值	<0.0001		<0.0001	

3.5 本章结论与对策建议

在全民参保的背景下，三元对立的保险体制所导致的医疗保险横向差异性成为新医改亟待解决问题的重中之重。这种绩效差异的本质来源于各保险在参保要求、缴费水平、保险待遇、医疗服务水平上的不同，而对其实际反映一般通过保障效果的评估来实现。在学术界已有的研究中，城镇职工保险作为三大保险中待遇最好、缴费水平最高的保险，相关结论已经被论证。而城镇居民医疗保险和新农合两类政策客观条件具有相似性，两类保险的统筹也是"城乡一体化"大方向的内在要求。所以对这一部分较为空白的医疗保险绩效差异评估的研究是很有现实意义的。

在实证分析方面，本章使用了 CHARLS 2013 年全国调查数据，以个人自评健康作为被解释变量建立了有序 Probit 模型。回归结果显示，个体人口学特征、经济变量、个人体质、生活习惯、医疗可及性等因素对健康的影响方向大致都与 Grossman 经典理论相符合。而在控制这些因素的影响后，回归结果显示在老年人、慢性病、女性三类群体中，医疗保障类型对于个体自评健康有显著影响。相较于新农合保险的参保个体，城镇居民保险的个体倾向于具有更高的自评健康表现。反映出城乡基本医疗保险的确具有绩效差异，且这种绩效差异更多地体现在经常使用医疗服务以及更加依赖于基本医疗保险的弱势群体上。

目前我国老龄化日益严重，医疗服务成本逐年上升，而老年人等弱势群体的健康水平却因为参保类型呈现显著差异。我们认为政府应该解决城乡二元经济体制遗留下来的医疗保险城乡差异问题，加快医疗保险城乡统筹，建立城乡一体的城乡居民保险体系，为城乡居民提供统一的福利待遇，保证最应该受到保障的弱势人群得到无差异的保障待遇。

第4章 基于QWB视角下城乡医疗保险健康绩效评价

第3章我们主要讨论的健康绩效差异是基于自评报告的单一衡量指标。健康是多维的，因此，本章在第3章的基础上，进一步基于QWB视角下的综合健康水平指标来研究城乡医疗保险绩效差异。

4.1 引言

本章将聚焦现有研究较为空缺的方向，着重分析全险种的医疗保险对居民健康绩效是否有积极的促进作用，商业健康保险是否对基本医疗保险起到了补充促进作用。通过建立全面的评价指标，从多种维度来综合评价健康状况，从而使实证结果更加具有说服力。此外，通过研究不同时间跨度的居民健康状况，对参保人群的长短期健康指标是否有明显改善进行进一步分析，使研究更为全面。最后，基于实证研究结果，为进一步完善医疗保障体系提出相应的措施建议，弥补现有文献的不足。

本章以CHARLS 2013年、2015年以及2018年的全国跟踪调查面板数据为基础，对医疗保险与居民健康状况之间是否存在正向关系进行研究，并进一步探讨短期与长期绩效是否存在差异，不同险种的分类样本之间是否会有所不同。最后，在上述实证研究的基础上为完善我国医疗保障体系，推进多层次医疗保障体系的发展贡献相关建议与对策。

4.2 医疗保险健康绩效的理论分析

本部分将医疗保险对居民个体的健康状况产生影响的机理进行分析，医疗保险通过改变个体健康行为、缓解个体心理压力、改变个体预防性储蓄及消费行为、提高医疗服务利用率等方式影响个体健康状况。在此基础上，对医疗保险影响健康的理论模型进行讨论，着重阐述一般健康评价模型以及 Grossman 健康需求模型，作为理论基础为本章后续的实证研究进行铺垫。

4.2.1 医疗保险对健康的影响机制

通过对学术界现有的理论结果进行梳理，不难发现医疗保险与健康状况之间存在着较为复杂的影响机制，健康状况受到医疗保险直接影响或者间接影响，此外，逆向选择也普遍存在于投保环节，参保人或许会根据自身健康情况的好坏来选取是否购买保险。同时，也有其他一些可观测和不可观测的个人特性会成为影响因素，诸如教育程度、个人财产状况等都会影响到个人的健康状况以及参保情况。因此，医疗保险与微观个体的健康状况之间的相互影响关系较为复杂，通过对既有研究的梳理，总结出医疗保险与健康的大致关系，以及医疗保险健康绩效产生的可能途径，如图4-1所示。

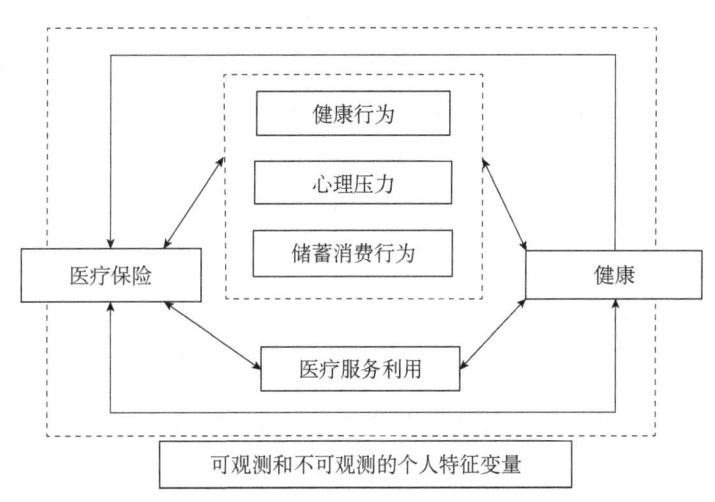

图4-1 医疗保险对健康的影响机制

1. 改变个体健康行为

医疗保险对微观个体的健康状况的影响通过改变个体的健康行为来体现，相应地，健康行为的选择又会直接或者间接地作用于其自身的健康水平。医疗保险对个体健康行为的影响有多重效果，既有积极的促进作用，也有可能产生消极的抑制作用。

积极的一方面表现为医疗保险使得微观个体有更多的机会接触到科学全面的医疗服务，能够获得更多的健康保障资源，例如健康管理等拓展服务，参保人将会更加注意自己的健康状况，会为了维持健康水平而采取有利于自身健康状况的举措。同时，一些商业医疗保险的保单保费设计也和个体的健康状况挂钩，为了能以标准体投保，获得保费的优惠，降低被拒保的风险，投保人员会更加注意自身的健康行为，对抽烟以及酗酒等可能会对自身健康状况产生不良影响的行为进行克制，并通过锻炼身体以及健康饮食等有利于自身健康的行为，来改善自身的健康状况，注重健康管理和健康维持，从而将参加医疗保险的正向影响传递到自身健康水平的提高。相较于未参保人员，参保人员的健康意识更高，对自身的健康状况更加在意，保持健康状态的积极性更强，同时参加定期健康体检检查的可能性更高，更加注重前期对自身健康的管理，因此，参加医疗保险的人群的健康水平会高于未参保人员，说明医疗保险对微观个体的健康状况起到正向的促进作用。

而消极的一面，因为保险存在道德风险，参加医疗保险后，由于个体能够以较低的价格获取较高水平的医疗服务，参保者的内心会对自身个体的健康管理产生松懈，进而做出一些会对自身健康状况产生不良影响的举措。因此，从消极的方面来讲，参加医疗保险会使参保人员疏于对自身的健康进行管理，诱导道德风险的产生，做出不利于个体健康的行为，因而对健康产生不利影响。

2. 缓解个体心理压力

随着社会经济的发展，心理的健康状况也越来越受到人们的在意和关注，心理压力大愈发成为保持健康状况的不利因素，影响个体的生活质量和健康状况。在现有的研究中，部分学者也将心理压力作为中介变量，放入医疗保险的健康绩效的影响因素中进行考量。

风险的不确定性是个体产生焦虑进而转化为心理压力的主要来源，由于对未知风险带来不良后果的担忧加剧了心理压力，而心理压力增大将会对健康产生不良的影响。医疗保险在时间和空间上恰好可以分散这种不确定性，医疗保险通过对患病个体给予经济上的支持和帮助，有助于消除因疾病带来的恐慌和心理不安因素，对于由于医疗费用负担产生的心理压力，会得到舒缓。站在心理健康的视角而言，医疗保险可以缓解心理压力，促进心理健康，进而促使个体保持健康的状态。

此外，心理压力的大小与个人消费支出也存在着相关性，对于未来支出不确定性的忧虑会抑制个体的消费支出，当这种忧虑和压力缓解时，也会促使个体增加在当期对自身的投入，从而更加注重对当期健康的管理。

3. 改变个体预防性储蓄及消费行为

医疗保险对健康状况的影响也可以通过改变居民的预防性储蓄以及消费行为来实现，从期望效用理论的角度来看，个体当期的消费水平受到预算约束的影响，当发生医疗保险费用的支出时，当期的收入水平下降，预算支出的金额也随之下降，个体也会因此削减自身的支出。但从预防储蓄理论的视角而言，医疗保险通过对患病个体给予经济上的支持和帮助，有助于消除因疾病而对个体的未来资金状况产生巨额现金流出的冲击性，分担未来经济状况下滑风险的不确定性，因此医疗保险降低了微观个体的预防储蓄动机，微观个体可以将这部分资金转化为当期的消费，促进了个体对自身的健康消费及投资，例如膳食均衡、增加营养元素的摄入、购买医疗保健指导服务等，在健康管理上的投资将会提高个体的健康水平。

4. 提高医疗服务利用率

医疗保险的初衷是通过费用分摊的方式，保证个体能平稳地面对疾病风险以及未来现金流上遭受的重大冲击，医疗保险制度的推广很好地分散了医疗风险，缓解了个体的经济压力，其实现途径便是在被保险人因疾病风险遭受经济损失时给予经济补偿，使得参保者可以拥有资金支持来继续相应的医疗服务。

学术界的研究发现，医疗保险的参保人员在使用医疗服务的过程中支付低于非参保人群的医疗费用，获得范围更广的医疗范围以及风险转移，提高了其享受更高品质医疗服务的可能性，获得更加充分的医疗健康检查和预防治疗资源，居民个体的健康水平也因此得到改善。从该方面来进行考量，医疗保险的保障功能确实可以通过提升居民医疗服务的可获得性和利用率，由此来改善微观个体的健康状况。但是若将微观个体的收入状况、所处地区等对个体健康影响较为显著的因素纳入考量，医疗保险对医疗服务的利用率的正向影响便不会如此显著。

此外，这种医疗保险服务的利用率的提高也会引起道德风险的产生，严重时或将导致医疗资源的浪费，使得医疗资源服务的边际效用递减，过度的医疗服务需求或将不利于提高其自身的健康水平，甚至会产生一系列消极影响。因此，需要把握适度的水平，将医疗保险的正向健康绩效发挥最大效能。

除以上提及的几种医疗保险对健康状况的影响途径和机制外，还存在着一些不可观测值。个体的健康状况会受到这些值的影响，此外，个体做出是否参加医疗保险的决定也与该不可观测的变量有关。例如，微观个体的经济状况会影响该个体是否购买保障层次更高的商业医疗保险的决策，也会影响其对自身健康管理的投入水平和重视程度；再者，微观个体的风险偏好程度也是其是否购买保险的重要影响因素，该因素很难观测也易在研究中受到忽视。因此，在医疗保险与健康状况的相关性研究中还存在着一些内生性的影响因素，值得进一步的关注和研究。

4.2.2 医疗保险对健康影响的理论模型

1. 一般健康评价模型

究其根本，探寻医疗保险的健康绩效的相关问题，可将其转化为研究微观个体健康状况的影响因素。倘若要正确地评估医疗保险对健康状况的影响效果，首先要厘清健康状况的影响因素有哪些，将所有因素放在一起全面而详细地进行考量。个体的健康状况除了受初始的天然基因因素影响外，后天的外界环境也会对个体的健康产生重大而又深远的影响。外界对健康的影响因素不限于个体的生存环境、人口学特征以及社会特性，细分包括性别、年龄、教育程度、婚姻状况以及户口所在地等一系列因素。此外，所处地区的不同、医疗资源获取的难易程度以及便捷程度等因素也会对个体的健康状况产生积极或消极的影响。综上所述，学术界大多采用以下模型来对微观个体的健康状况进行评估：

$$\text{Health}_{it} = H(\text{MC}_{it},\ Y_{it},\ C_{it},\ H_{it},\ X_{it},\ K_{it},\ O_{it})$$

其中，微观个体 i 在第 t 年能够享有的医疗服务状况通过 MC_{it} 来表示，微观个体在第 t 年的收入状况通过 Y_{it} 来表示，微观个体在第 t 年的消费状况通过 C_{it} 来表示，微观个体的初始健康状况通过 H_{it} 来表示，微观个体在第 t 年的社会学以及人口学特征通过 X_{it} 表示，微观个体在第 t 年所处的生存环境状况通过 K_{it} 表示，微观个体在第 t 年的生活习惯等其他影响因素通过 O_{it} 表示。

2. Grossman健康需求模型

根据Grossman于20世纪70年代提出的健康生产函数模型，该模型指出医疗保险对个体的健康状况产生重要影响。学术界关于医疗保险健康绩效的众多研究都是基于该理论模型，通过不断演绎进行进一步的丰富与完善。通过Grossman的健康生产函数模型可以看出，医疗支出被认作是健康生产函数的一个重要的自变量，微观个体享受到的医疗保险服务水平在购买医疗保险后有所提升，个体的健康状况也因此得到改善与提高。除此之外，Grossman将诸多会对微观个体健康水平产生影响的因素纳入研究，诸如年龄、收入、受教育程度等，全部纳入健康生产函数模型进行考量。

在健康生产函数模型中，Grossman将健康水平看作为对微观个体产生显著影响的存续资本，并在这个理论基础上，通过不同的效用函数来反映微观个体在一生中不同时段的健康水平，该效用函数表示如下

$$U_i = U(\alpha H_0, \beta_t H_t, X_0, X_t) \qquad (0 < t \leqslant w)$$

在该表达式中，微观个体的生命时刻通过 t 来表示；微观个体 i 的初始健康状况通过 H_0 来表示，该变量为一个外生变量；微观个体在 t 时刻的健康资本存量通过 H_t 来表示，该变量是一个内生变量。个体单位水平健康资本的收益通过 β_t 来表示，0时刻到 t 时刻微观个体对健康资本的总消费量通过 $\beta_t H_t$ 来表示，0时刻到 t 时刻微观个体对其他所有商品的总消费量通过 X_t 来表示。

与此同时，该健康生产函数模型中，通过健康资本的总投资减去折旧额得到健康资本的净投资额，如下式所示

$$H_{t+1} - H_t = I_t - \theta_t H_t$$

其中，微观个体在 t 时刻到 $t+1$ 时刻对健康资本的总投资通过 I_t 来表示，购买医疗保险以及对各种医疗服务的利用都被囊括在其中，随着微观个体年龄而变化的健康资本的折旧率通过 θ_t 来表示，该变量是一个外生变量。

微观个体的家庭生产函数决定了该个体对于健康资本的总投资 I_t 以及对于其他所有商品的投资 X_t，该函数表达式如下

$$I_t = I_t(M_t, T_{1t}, D_t)$$
$$X_t = X_t(C_t, T_{2t}, D_t)$$

微观个体在所投入的医疗卫生服务的总量通过 M_t 来表示，微观个体增加健

康资本所投入的时间通过 T_{1t} 来表示，微观个体在 t 时刻所投入的其他所有商品的量通过 C_t 来表示，微观个体购买其他商品所投入的时间通过 T_{2t} 来表示，微观个体对于人力资本的投入量通过 D_t 来表示。

在此基础上，将卫生服务的价格假设赋值为 P_{1t}，将其他商品的价格假设赋值为 P_{2t}，与此同时，将微观个体的工作时间赋值为 W_t，将工资率赋值为 TW_t，通过 φ_0 来表示微观个体初始资产的折旧，在以上假设下，微观个体的预算约束方程可通过下面的式子表示

$$\sum_{t=0}^{w}\frac{P_{1t}M_t+P_{2t}C_t}{(1+r)^t}=\sum_{t=0}^{w}\frac{W_t\mathrm{TW}_t}{(1+r)^t}+\varphi_0$$

此外，通过 L_t 来表示当微观个体患病后造成的时间损失，在此基础上，微观个体的时间约束可通过下列式子表示

$$T_{1t}+T_{2t}+W_t+L_t=\Omega$$

通过上述指定的效用函数，微观个体在家庭生产函数、预算约束方程以及时间约束方程三者的限制下最大化效用函数，在此基础上，通过组合健康资本以及其他消费品的消费，以此来实现效用最大化。

因此，本章将在梳理 Grossman 理论模型的基础上，综合考量医疗保险的需求因素，设立合理的实证模型对医疗保险的健康绩效进行分析。

4.3 医疗保险对健康影响的实证模型-基于QWB的健康水平

本部分将对实证研究所需的相关数据进行阐述和简单的加工梳理，为后文的进一步研究奠定数据基础。

4.3.1 数据来源

中国健康与养老追踪调查（CHARLS）数据简介

本章运用的数据为CHARLS数据库2013年、2015年以及2018年三年的调查数据，之所以选取这三年的数据是因为相较于2008年进行的专门针对甘肃、浙江两个省份的区域性的微观层面的追踪调查，以及2014年进行的生命历程追踪调查，2013年、2015年以及2018年的数据包含更丰富的健康指标信息，且这三年的调查问卷问题大致相同，其包含的微观个体的健康状况以及社会经济状况

等信息在其家庭信息统计上具有一致性，且追踪调查为研究微观个体的医疗保险的长短期健康绩效提供了丰富和可靠的数据（表4-1）。

表4-1　CHARLS 2013年、2015年和2018年医疗保险数据汇总　（单位：人）

医疗保险	2013年	2015年	2018年
城镇职工医疗保险	2353	2910	2848
城乡居民基本医疗保险	366	498	2397
城镇居民医疗保险	1005	1261	839
新型农村合作医疗保险	13538	14781	12751
公费医疗	343	541	227
医疗救助	26	175	63
商业医疗保险：单位购买	46	120	66
商业医疗保险：个人购买	380	517	665
城镇无业居民大病医疗保险	16	112	33
其他医疗保险	163	384	293
无保险	761	643	599

通过对CHARLS 2013年、2015年以及2018年三年的数据进行梳理可以发现，以城镇职工医疗保险、城乡居民基本医疗保险、城镇居民医疗保险以及新型农村合作医疗保险构成的基本医疗保险的覆盖率很高，其中参加新型农村合作医疗保险的居民人数最多，三年的统计数据均超过1万人，城镇职工医疗保险的参保人数次之，约为两千多人。城乡居民基本医疗保险2018年的参保人数较之前两个统计年度有所上升，而城镇居民医疗保险以及新农合则呈现出相反的趋势，总体人数有所下降。相较于上述几类基本医疗保险，其他种类的几类医疗保险的参保人数较少，例如公费医疗、医疗救助、商业医疗保险等医疗保险的参保人数所占比重在全部参保人员中占比较低。此外，商业医疗保险的购买数量也在提升，居民的参保率有所提升。

4.3.2　变量选取

1. 被解释变量

由于本章的主要研究对象是医疗保险的健康绩效，故将被解释变量设定为微观个体的健康状况，CHARLS囊括了众多关于微观个体健康方面的调查数据，使得本章可以不局限于单一或主观的自评健康等评价指标，将健康评价指标的内涵拓宽，将评价个体运动情况的行动活动指标、反映微观个体的体力状况的体力活动指标、显示微观个体社交活动情况的社会活动指标以及身体所患疾病状况的症状情况指标纳入考虑，从而使得对微观个体的健康评价状况更加科学合理，具有全面性。

赵忠和侯振刚（2005）首次建立生活质量指标（quality of well-being scale，QWB）健康指标来衡量微观个体的健康水平。后续诸多研究在此基础上展开。王雪雯等（2019）对QWB量表进行了进一步的细化阐述，使其更加完善具体。本章在此基础上效仿建立QWB，微观个体的健康状况由该指标进行反映。QWB最初使用的度量方法是由Kaplan和Anderson（1988）等建立发展起来的。QWB的建立综合汇集了多领域的专业知识。由于QWB的结构更为紧凑，应用更为经济，对于个体的健康状况和疾病症状的变化上较为敏感，同时具有较高的信度和效度，因此被较为广泛地应用于医学的临床健康体检研究中。

QWB的构造可以分为三步来完成。首先，按照微观个体进行的活动所属功能不同，将其划分为三个部分。主要分为评价个体运动活动状况的行动指标（mobility scale，MOB）、反映微观个体的体力状况的体力活动指标（physical activity scale，PAC）、显示微观个体社交活动情况的社会活动指标（social activity scale，SAC）。这三个指标将对微观个体的健康状况进行一个客观的情况反映。接下来一步，构造一个通过微观个体的主观判断来反映健康状况的指标，即症状情况指标（symptom problem complexes，CPX），与前三个指标不同，症状情况指标是根据个人对症状的主观陈述来判定的。最后一笔，将三个客观指标和一个主观指标统一加和为一个测量健康的综合指标。这个综合指标的建立需要对不同的指标赋予不同的权重。QWB的权重是由一个866人的随机样本调查决定，该随机样本调查体现了人们对各种健康状况的偏好（赵忠和侯振刚，2005）。QWB的取值介于0和1之间，其中，1表示个体的健康状况最为健康，0则表示死亡状态。

QWB的构建既可以准确反映微观个体的客观健康状况，也囊括一些微观个体对自己健康状况的主观评价，因此QWB的建立对数据的要求较高，而CHARLS中包含着丰富的有关健康方面微观层面的数据，这为构造QWB提供了坚实的基础。表4-2~表4-5具体描述了QWB包含的内容、相关内容的权重及

CHARLS 数据中对应的变量。

表 4-2　行动指标

内容	权重	CHARLS 中对应问题
不存在健康导致的限制	−0.000	
因健康状况限制出行	−0.062	DB001，DB002，DB003
因健康状况住院治疗	−0.090	

表 4-3　体力活动指标

内容	权重	CHARLS 中对应问题
不存在健康导致的限制	−0.000	
坐轮椅（自己控制） 弯身、弯腰、上楼梯有困难	−0.060	DB004，DB005，DB006
坐轮椅（自己不能控制） 长期躺卧	−0.077	

表 4-4　社会活动指标

内容	权重	CHARLS 中对应问题
不存在健康导致的限制	−0.000	
因健康状况存在社交限制	−0.061	DB010，DB011，DB012， DB013，DB014，DB015
因健康状况不能进行社交活动	−0.106	

表 4-5　症状情况指标

内容	权重	CHARLS 中对应问题
没有症状或健康问题	−0.000	
戴眼镜或用放大镜	−0.101	
耳朵、牙齿、颌、喉、嘴唇、舌疼痛	−0.170	
单眼或双眼疼痛或不适	−0.230	
讲话困难	−0.237	
阵发性的不安、压抑	−0.257	DA005，DA007，DA032， DA038，DA040，DA041
咳嗽、哮喘、气短	−0.257	
胃部不适、反胃、呕吐或大便失控	−0.290	
疼痛、僵直、虚弱、麻木 躯干四肢任何部分疼痛	−0.299	
学习、记忆或思考困难	−0.340	
意识丧失 如中风昏厥或昏迷	−0.407	

资料来源：Kaplan 和 Anderson（1988）。

对微观个体的健康状况的计算公式为 QWB = 1 + CPXwt + MOBwt + PACwt +

SACwt，其中CPXwt，MOBwt，PACwt 和SACwt分别代表各指标对应类型的权重。例如一个人的MOB对应的是−0.062，PAC对应的是−0.060，SAC对应的是−0.061，CPX对应的是−0.257，则他的QWB指标值为QWB = 1 +（−0.257）+（−0.062）+（−0.060）+（−0.061）= 0.56。

2. 解释变量

本章主要研究不同的医疗保险对微观个体的健康状况的影响程度，因此将"是否参加该项医疗保险"作为主要解释变量。该变量为哑变量，对实验组，即参加该项医疗保险赋值为1，而对控制组，即没有参加该项医疗保险赋值为0。

除此之外，本章进一步选取一些会对微观个体的健康状况产生影响的因素作为控制变量，以此来尽可能地控制实验组和控制组在其余方面的差异，见表4-6。该控制变量涉及人口学特征、微观个体的经济特征、个体所处的地区特征以及健康行为等方面。在人口学特征影响因素方面，选取微观个体的实际年龄、性别特性（将男性赋值为0，女性赋值为1）、个体所受教育程度（小学及以下赋值为1，初中赋值为2，高中赋值为3，本科及以上赋值为4）、个体婚姻状态（已婚为1，离婚或单身或丧偶为0）作为控制变量进行控制，在地区方面的影响因素，选取个体所属户籍状况（农村赋值为1，城镇赋值为0）进行控制，在经济社会特征影响因素方面，将家庭年收入进行取对数处理（实际年家庭收入对数）、将年家庭支出也进行对数化处理（实际年家庭支出对数），以上各变量均作为控制变量进行控制。在个体健康行为影响因素方面，选取是否抽烟（抽烟赋值为1，不抽烟赋值为0），是否喝酒（喝酒赋值为1，不喝酒赋值为0）作为控制变量进行控制。

表 4-6 控制变量

变量	变量定义
Gender	性别（男性=0，女性=1）
Age	年龄（岁）
Household Register（HG）	户籍（城镇=0，农村=1）
Education	受教育程度（小学及以下=1，初中=2，高中=3，本科及以上=4）
Marrige	婚姻状况（离婚或单身或丧偶=0，已婚=1）
Individual Income	家庭收入对数
Smoking	是否经常抽烟（不抽烟=0，抽烟=1）
Drinking	是否经常喝酒（不喝酒=0，喝酒=1）
N	样本量

4.3.3 模型设定

研究不同种类的医疗保险对参保人群的健康状况的影响。模型设定如下。

1. OLS 模型

本章中计量模型设定如下所示

$$Y_{it} = \alpha_0 + \alpha_1 \text{Insurance}_{it} + \beta X_{it} + \varepsilon_i$$

在该式中，Y_{it} 为被解释变量，该被解释变量代表的是微观个体 i 在调查时点 t 的健康状况，用 QWB 来表示。Insurance_{it} 为哑变量，该变量代表的含义是微观个体在参与调查时的医疗保险的参保状况。具体地，如果微观个体在调查时参加了该种医疗保险则赋值为1，若并未参加该种医疗保险则赋值为0。X_i 代表着微观个体的个人特征信息的控制变量，包括微观个体的经济特征、个体所处的地区特征以及健康行为等方面的状况，具体包括实际年龄、性别特性、个体所受教育程度、个体婚姻状态、个体所属户籍状况、年家庭收入、是否抽烟喝酒等。ε_i 为随机扰动项。

2. 固定效应模型

对于计量模型存在的内生性问题，利用固定效应模型可以较好地解决，同时对不随时间改变的遗漏变量进行控制，从而提高了估计的稳健性以及可信性。本章中计量模型设定如下所示

$$Y_{it} = \alpha_0 + \alpha_1 \text{Insurance}_{it} + \beta X_{it} + \varphi_j + \varepsilon_o$$

在该式中，Y_{it} 为被解释变量，该被解释变量代表的是微观个体 i 在调查时点 t 的健康状况，本章用 QWB 来表示。Insurance_{it} 为哑变量，该变量代表的含义是微观个体在参与调查时的医疗保险的参保状况。具体地，如果微观个体在调查时参加了该种医疗保险则赋值为1，若并未参加该种医疗保险则赋值为0。X_i 代表着微观个体的个人特征信息的控制变量，包括微观个体的经济特征、个体所处的地区特征以及健康行为等方面的状况，具体包括实际年龄、性别特性、个体所受教育程度、个体婚姻状态、个体所属户籍状况、年家庭收入、是否抽烟喝酒等。φ_j 表示省份虚拟变量，ε_o 表示随机扰动项。

3. 随机效应模型

本章中随机效应计量模型设定如下所示

$$Y_{it} = \alpha_0 + \alpha_1 \text{Insurance}_{it} + \beta X_{it} + u_j + \varepsilon_o$$

在该式中，Y_{it} 为被解释变量，该被解释变量代表的是微观个体 i 在调查时点 t 的健康状况，本章用 QWB 来表示。Insurance_{it} 为哑变量，该变量代表的含义是微观个体在参与调查时的医疗保险的参保状况。具体地，如果微观个体在调查时参加了该种医疗保险则赋值为 1，若并未参加该种医疗保险则赋值为 0。X_i 代表着微观个体的个人特征信息的控制变量，包括微观个体的经济特征、个体所处的地区特征以及健康行为等方面的状况，具体包括实际年龄、性别特性、个体所受教育程度、个体婚姻状态、个体所属户籍状况、年家庭收入、是否抽烟喝酒等。复合扰动项 $(u_j + \varepsilon_o)$ 中，不可观测的随机变量 u_j 代表个体异质性的截距项，u_j 与所有解释变量均不相关，此为随机效应的识别项，ε_o 表示随机扰动项。

4. 双重差分和倾向得分匹配

双重差分和倾向得分匹配（PSMDID）的优势在于该方法结合两者的优点，实现更为精确处理，通过 PSM 在控制组中找到与实验组个体倾向得分相近的对象进行匹配分析，使得两组个体在"是否参加该项医疗保险"以外的其他特征尽量保持一致，以此来消除参保行为非随机性引起的可观测特征的样本选择性偏误。在完成了上述处理之后，通过 DID 来进行进一步处理，剔除不可观测性的偏误，同时也对不随时间变化的特征引起的偏误进行进一步的清理，从而将实验组与控制组的健康状况进行对比，得到平均处理效应（average treatment effect on the treated，ATT），其表达式为

$$\text{ATT} = E(Y_{i,t1}^P - Y_{i,t0}^P | P(D_i = 1 | X_i), D_i = 1) - E(Y_{i,t1}^{NP} - Y_{i,t0}^{NP} | P(D_i = 1 | X_i), D_i = 0)$$

在该式中，$Y_{i,t1}^P$ 以及 $Y_{i,t0}^P$ 代表在实验组中个体 i 两期健康指标的潜在结果；$Y_{i,t1}^{NP}$ 以及 $Y_{i,t0}^{NP}$ 代表在控制组中个体 i 两期健康指标的潜在结果；$P(D_i = 1 | X_i)$ 代表倾向分值函数（proprnsity score function），含义为给定一组可观测的特征 X_i 情况下个体 i 参加该项医疗保险的概率；D_i 为哑变量，通过赋值 1 来表示参加了该项医疗保险，赋值 0 表示未参加该项医疗保险。

4.3.4 变量描述分析

1. 样本个体特征描述性统计

根据 CHARLS 数据库 2013 年、2015 年以及 2018 年的数据进行统计，一

共得到41319个观测值。描述性统计结果如表4-7所示，在实验样本中，从性别角度来看，男性的占比高于女性。从年龄角度来看，平均年龄为61岁。从户籍角度来看，农村户籍的比重较大，达到八成。从教育程度来看，以小学到初中学历较多，文化程度不高。从婚姻状况来看，多数为已婚。从是否经常抽烟喝酒的角度来看，超过六成受访者会经常抽烟以及喝酒。

表4-7 样本个体特征描述性统计

变量	变量定义	平均值	标准差
Gender	性别（男性=0，女性=1）	0.52	0.49
Age	年龄（岁）	61.24	10.28
Household Register (HG)	户籍（城镇=0，农村=1）	0.81	0.54
Education	受教育程度（小学及以下=1，初中=2，高中=3，本科及以上=4）	4.83	4.72
Marrige	婚姻状况（离婚或单身或丧偶=0，已婚=1）	0.82	1.36
Individual Income	家庭收入对数	0.23	1.42
Smoking	是否经常抽烟（不抽烟=0，抽烟=1）	0.63	0.23
Drinking	是否经常喝酒（不喝酒=0，喝酒=1）	0.61	0.87
N	样本量	41319	

2. 细分种类医疗保险的健康状况描述性统计

（一）城镇职工医疗保险（医保）

城镇职工医疗保险指依法对城镇职工的基本医疗权利给予保障的社会医疗保险制度。通过对是否参加城镇职工医保进行单变量分析发现，如表4-8所示，参保个体其QWB得分为0.806，高于未参保人群0.053；从细分指标来看，参保个体其MOB得分为-0.044，高于未参保人群0.003，参保个体其PAC得分为-0.035，高于未参保人群0.002，参保个体其SAC得分为-0.019，高于未参保人群0.001，参加城镇职工医保的个体其CPX的得分为-0.050，高于未参保人群0.044。由于实验组个体的CPX得分要显著高于控制组，即参保人员所患疾病的人数要低于未参保人群，在此要素的作用下，参加城镇职工医保人群的QWB要优于未参保人群。

表4-8 城镇职工医疗保险（医保）描述性统计

指标	控制组	实验组	两组差值，控制组 – 实验组	t值
MOB	−0.047	−0.044	−0.003	−8.637***
PAC	−0.037	−0.035	−0.002	−8.647***
SAC	−0.018	−0.019	0.001	1.806*
CPX	−0.094	−0.050	−0.044	−43.986***
QWB	0.753	0.806	−0.053	−32.477***

注：*，***分别表示在10%和1%的置信水平上显著。

（二）城乡居民基本医疗保险（表4-9）

表4-9 城乡居民基本医疗保险描述性统计

指标	控制组	实验组	两组差值，控制组 – 实验组	t值
MOB	−0.046	−0.045	−0.001	−4.681***
PAC	−0.037	−0.035	−0.002	−4.590***
SAC	−0.018	−0.019	0.001	4.131***
CPX	−0.097	−0.044	−0.053	−52.769***
QWB	0.751	0.809	−0.058	−35.740***

注：***表示在1%的置信水平上显著。

城乡居民基本医疗保险指一些地区率先将城镇居民医疗保险与新型农村合作医疗合并，推行统一的城乡居民基本医疗保险制度。通过对是否参加城乡居民基本医疗保险进行单变量分析发现，参保个体其QWB得分为0.809，高于未参保人群0.058；从细分指标来看，参保个体其MOB得分为−0.045，高于未参保人群0.001，参保个体其PAC得分为−0.035，高于未参保人群0.002，参保个体其SAC得分为−0.019，低于未参保人群0.001，参保个体其CPX的得分为−0.044，高于未参保人群0.053。与城镇职工医保参保状况相类似，城乡居民医保实验组个体的CPX得分要显著高于控制组，即参保人员所患疾病的概率要低于未参保人群，在此要素的作用下发现参加城乡居民医保人群的QWB要优于未参保人群。

（三）城镇居民医疗保险（表4-10）

表4-10 城镇居民医疗保险描述性统计

指标	控制组	实验组	两组差值，控制组 – 实验组	t值
MOB	−0.046	−0.046	0.000	0.564
PAC	−0.037	−0.035	−0.002	−4.236***
SAC	−0.019	−0.018	0.001	−2.37**
CPX	−0.093	−0.049	−0.054	−43.543***
QWB	0.754	0.806	−0.052	−32.001***

注：**，***分别表示在5%，1%的置信水平上显著。

城镇居民医疗保险主要面向于城镇中的非从业居民,面向的主要参保人员为各类学生和其他非从业的城镇居民。通过对是否参加城镇居民医疗保险进行单变量分析发现,参加城镇居民医疗保险的个体其QWB得分为0.806,高于未参保人群0.052;从细分指标来看,参保个体其MOB得分为−0.046,平于未参保人群,参保个体其PAC得分为−0.035,高于未参保人群0.002,参保个体其SAC得分为−0.018,低于未参保人群0.001,参保个体其CPX的得分为−0.049,高于未参保人群0.054。实验组个体的CPX得分要显著高于控制组,即参保人员所患疾病的概率要低于未参保人群,在此要素的作用下发现参加城镇居民医疗保险人群的QWB要优于未参保人群。

(四)新型农村合作医疗保险(表4-11)

表4-11　新型农村合作医疗保险描述性统计

指标	控制组	实验组	两组差值,控制组−实验组	t值
MOB	−0.045	−0.046	0.001	2.105**
PAC	−0.035	−0.037	0.002	6.978***
SAC	−0.017	−0.020	0.003	8.253***
CPX	−0.080	−0.074	−0.006	−6.166***
QWB	0.773	0.773	0.000	0.109

注:**,***分别表示在5%,1%的置信水平上显著。

新型农村合作医疗保险的主要参保人群为农民群体。通过对是否参加新型农村合作医疗保险进行单变量分析发现,参加新农合个体QWB得分为0.773,平于未参保人群;从细分指标来看,参合者的MOB得分为−0.046,低于未参合人群0.001,参合者的PAC得分为−0.037,低于未参合人群0.002,参合者的SAC得分为−0.020,低于未参合人群0.003,参合者个体的CPX的得分为−0.074,高于未参合人群0.006。虽然实验组的CPX上升了0.06,但其改善状况被实验组MOB、PAC以及SAC的下降所抵消。实验组可能患有疾病的概率有所降低,但行动以及体力等维度的状况较未参保组没有提升,进而在总体表现上两组没有产生差距。因此,总体来看参加新型农村合作医疗保险(合作医疗)人群的QWB并未高于未参保群,即参保人群并未表现出更好的健康状况。

（五）公费医疗（表4-12）

表4-12　公费医疗描述性统计

指标	控制组	实验组	两组差值，控制组－实验组	t值
MOB	−0.046	−0.044	−0.002	−5.572***
PAC	−0.037	−0.035	−0.002	−5.258***
SAC	−0.018	−0.020	0.002	5.669***
CPX	−0.100	−0.034	−0.066	−65.119***
QWB	0.748	0.822	−0.074	−44.536***

注：***表示在1%的置信水平上显著。

公费医疗主要的面向对象为国家的公职人员。通过对是否参加公费医疗进行单变量分析发现，参加公费医疗的个体其QWB得分为0.822，高于未参保人群0.074；从细分指标来看，参保者的MOB得分为−0.044，高于未参保人群0.002，参保者的PAC得分为−0.035，高于未参保人群0.002，参保个体其SAC得分为−0.020，低于未参保人群0.002，参保个体其CPX的得分为−0.034，高于未参保人群0.066。虽然实验组的SAC较控制组低，但由于实验组的CPX较控制组显著提升，抵消了前者的削弱影响，在总体QWB的表现上实验组显著优于控制组，可以直观发现参加公费医疗人群的QWB要优于未参保人群，即参保人群的健康状况更好。

（六）医疗救助（表4-13）

表4-13　医疗救助描述性统计

指标	控制组	实验组	两组差值，控制组－实验组	t值
MOB	−0.047	−0.044	−0.003	−5.893***
PAC	−0.037	−0.035	−0.002	−5.645***
SAC	−0.018	−0.020	0.002	5.758***
CPX	−0.100	−0.032	−0.068	−67.408***
QWB	0.748	0.824	−0.076	−45.846***

注：***表示在1%的置信水平上显著。

医疗救助主要面向困难群体，为其提供某些或全部基本医疗服务救助。通过对是否参加医疗救助进行单变量分析发现，参加医疗救助的个体其QWB得分为0.824，高于未参保人群0.076；从细分指标来看，参加医疗救助的个体其MOB得分为−0.044，高于未参保人群0.002，参加医疗救助的个体其PAC得分为−0.035，高于未参保人群0.002，参加医疗救助的个体其SAC得分为−0.020，低于未参保人群0.002，参加医疗救助的个体其CPX的得分为−0.032，高于未参保人群 0.068。虽然实验组的 SAC 较控制组低，但由于实验组的 CPX 较控制组显著提升了 0.068，抵消了前者的削弱影响，在总体 QWB 的表现上实验组显著优于控制组。综上所述可以直观发现参加医疗救助人群的 QWB 要优于未参保人群，即参保人群的健康状况更好。

（七）商业医疗保险：单位购买（表 4-14）

表 4-14　商业医疗保险：单位购买描述性统计

指标	控制组	实验组	两组差值，控制组 − 实验组	t 值
MOB	−0.047	−0.044	−0.003	−5.838***
PAC	−0.037	−0.035	−0.002	−5.540***
SAC	−0.018	−0.020	0.002	5.716***
CPX	−0.100	−0.032	−0.068	−67.237***
QWB	0.748	0.824	−0.076	−45.949***

注：***表示在 1% 的置信水平上显著。

商业医疗保险由保险公司经办，以营利为目的，参保人员自愿购买的一项医疗保险。通过对是否参加单位购买的商业医疗保险进行单变量分析发现，参加单位购买的商业医疗保险的个体其 QWB 得分为 0.824，高于未参保人群 0.076；从细分指标来看，参加单位购买的商业医疗保险的个体 MOB 得分为 −0.044，高于未参保人群 0.003，参加单位购买的商业医疗保险的个体其 PAC 得分为 −0.035，高于未参保人群 0.002，参加单位购买的商业医疗保险的个体其 SAC 得分为 −0.020，低于未参保人群 0.002，参加单位购买的商业医疗保险的个体其 CPX 的得分为 −0.032，高于未参保人群 0.068，由于该指标的显著提升使得单位购买的商业医疗保险人群的 QWB 要优于未参保人群，即参保人群的健康状况更好。

（八）商业医疗保险：个人购买（表 4-15）

表 4-15　商业医疗保险：个人购买描述性统计

指标	控制组	实验组	两组差值，控制组 − 实验组	t 值
MOB	−0.047	−0.044	−0.003	−8.274***
PAC	−0.037	−0.035	−0.002	−7.265***
SAC	−0.018	−0.019	0.001	4.924***
CPX	−0.100	−0.035	−0.065	−63.658***
QWB	0.748	0.821	−0.073	−44.588***

注：***表示在 1% 的置信水平上显著。

通过对是否参加个人购买的商业医疗保险进行单变量分析发现，参加个人购买的商业医疗保险的个体其 QWB 得分为 0.821，高于未参保人群 0.073；从细分指标来看，参加个人购买的商业医疗保险的个体其MOB得分为−0.044，高于未参保人群0.003，参加个人购买的商业医疗保险的个体其PAC得分为−0.035，高于未参保人群0.002，参加个人购买的商业医疗保险的个体其SAC得分为−0.019，低于未参保人群0.001，参加个人购买的商业医疗保险的个体其CPX的得分为−0.035，高于未参保人群0.065。由于参保人群CPX的显著提升使得参加个人购买的商业医疗保险人群的QWB要优于未参保人群，即参保人群的健康状况更好。

（九）城镇无业居民大病医疗保险（表4-16）

表4-16　城镇无业居民大病医疗保险描述性统计

指标	控制组	实验组	两组差值，控制组−实验组	t值
MOB	−0.047	−0.044	−0.003	−5.739***
PAC	−0.037	−0.035	−0.002	−5.480***
SAC	−0.018	−0.020	0.002	5.761***
CPX	−0.100	−0.032	−0.068	−67.201***
QWB	0.748	0.823	−0.075	45.721***

注：***表示在1%的置信水平上显著。

通过对是否参加城镇无业居民大病医疗保险进行单变量分析发现，参加城镇无业居民大病医疗保险的个体其QWB得分为0.823，高于未参保人群0.075；从细分指标来看，参加城镇无业居民大病医疗保险的个体其MOB得分为−0.044，高于未参保人群0.003，参加城镇无业居民医疗保险的个体其PAC得分为−0.035，高于未参保人群0.002，参加城镇无业居民医疗保险的个体其SAC得分为−0.020，低于未参保人群0.002，参加城镇无业居民医疗保险的个体其CPX的得分为−0.032，显著高于未参保人群0.068，从而导致参保人员的QWB要优于未参保人群，即参保人群的健康状况更好。

（十）其他医疗保险（表4-17）

表4-17　其他医疗保险描述性统计

指标	控制组	实验组	两组差值，控制组−实验组	t值
MOB	−0.047	−0.044	−0.003	−5.841***
PAC	−0.037	−0.035	−0.002	−5.855***
SAC	−0.018	−0.020	0.002	5.938***
CPX	−0.100	−0.032	−0.068	−67.399***
QWB	0.748	0.824	−0.076	−45.757***

注：***表示在1%的置信水平上显著。

通过对是否参加其他医疗保险进行单变量分析发现，参加其他医疗保险的个体其QWB得分为0.824，高于未参保人群0.076；从细分指标来看，参加其他医疗保险的个体其MOB得分为−0.044，高于未参保人群0.003，参加其他医疗保险的个体其PAC得分为−0.035，高于未参保人群0.002，参加其他医疗保险的个体其SAC得分为−0.020，低于未参保人群0.002，参加其他医疗保险的个体其CPX的得分为−0.032，高于未参保人群0.068，对实验组整体QWB的改善起到了显著的促进作用。

通过对不同医疗保险单独进行单变量分析可以发现，参加医疗保险的个体，其QWB表现出的健康状况，均优于未参保人群。其中参加医疗救助、其他医疗保险以及单位购买的商业医疗保险的个体QWB得分最高，为0.824。参加新农合的个体QWB得分最低，为0.773。参加医疗救助、城镇无业居民大病医疗保险、其他医疗保险以及单位购买的商业医疗保险的个体其QWB的改善程度最大，为0.076。

对参保人员的个体生活质量指标贡献最大的，是症状情况指标的显著改善。即参保人员的患病率要明显低于未参保人员，由此导致参保人员的症状情况指标要明显优于未参保人群，进而促进了参保人员的生活质量指标得到改善。

这种简单的描述性统计并不能准确地揭示医疗保险与居民个体健康状况之间的内在因果联系，更不能有力地印证两者之间的正负方向性，控制组与实验组之间的差异也许是因为微观个体的人口特征、社会经济特征等一系列因素干扰产生的，因此需要进一步进行严谨的讨论。

4.4 医疗保险QWB健康绩效的实证检验与分析

4.4.1 细分种类医疗保险的健康绩效的实证结果分析

1. 细分种类医疗保险健康绩效的总体评估

通过对不同的医疗保险进行OLS回归、随机效应回归以及固定效应回归可以发现（如表4-18所示），不同的医疗保险对居民的健康指标都产生了不同的效用，有些医疗保险改善了居民的健康状况，而有些则对居民的健康状况起到了抑制的作用，结果各不相同。

表 4-18 不同医疗保险回归结果

变量	OLS	OLS（加入控制变量）	随机效应	固定效应
城镇职工医疗保险	−0.014***	−0.014***	−0.0135***	−0.0090***
	（0.003）	（0.003）	（0.0033）	（0.0030）
城乡居民基本医疗保险	−0.049***	−0.040***	−0.0395***	−0.0363***
	（0.003）	（0.004）	（0.0036）	（0.0035）
城镇居民医疗保险	0.007	0.009	0.0095*	0.0065
	（0.006）	（0.006）	（0.0058）	（0.0058）
新农合	0.015***	0.007***	0.0074***	0.0095***
	（0.002）	（0.002）	（0.0023）	（0.0024）
商业医疗（单位）	0.011**	−0.008*	−0.0085*	−0.0070
	（0.0053）	（0.005）	（0.0050）	（0.0049）
商业医疗（个人）	−0.0975***	−0.0826***	−0.0823***	−0.0800***
	（0.0027）	（0.0028）	（0.0028）	（0.0029）
医疗救助	0.0104	0.0021	0.0022	−0.0025
	（0.0119）	（0.0118）	（0.0117）	（0.0120）
公费医疗	0.0192	0.0109	0.0099	0.0106
	（0.0119）	（0.0114）	（0.0115）	（0.0114）
城镇无业居民大病医疗保险	−0.0141	−0.0142	−0.0135	−0.0155
	（0.0164）	（0.0157）	（0.0156）	（0.0171）
其他医疗保险	−0.0144	−0.0199*	−0.0200**	−0.0204**
	（0.0119）	（0.0102）	（0.0100）	（0.0083）
Age		0.0006	0.0006	0.0005
		（0.0011）	（0.0011）	（0.0009）
Gender		0.0368***	0.0368***	0.0361***
		（0.0017）	（0.0017）	（0.0014）
Household Register		0.0181***	0.0173***	0.0178***
		（0.0022）	（0.0022）	（0.0024）
Education		0.0025***	0.0025***	0.0026***
		（0.0002）	（0.0002）	（0.0002）
Marrige		0.0041**	0.0042**	0.0051***
		（0.0021）	（0.0021）	（0.0019）
Individual Income		0.0007*	0.0007*	0.0014***
		（0.0004）	（0.0004）	（0.0004）
Smoking		−0.0717***	−0.0712***	−0.0751***
		（0.0049）	（0.0049）	（0.0050）
Drinking		−0.0146***	−0.0138***	−0.0162***
		（0.0021）	（0.0021）	（0.0020）
控制省份	否	否	是	是
N	41319	41319	41319	41319
R^2				0.2103

注：*，**，***分别表示在 10%，5%和 1%的置信水平上显著。

从细分险种来看，在1%的显著性水平下，城镇职工医疗保险使得参保人群的健康状况指标得分下降了0.90%；在1%的显著性水平下，城乡居民基本医疗保险（合并城镇居民和新型农村合作医疗保险）则使得参保人群的健康指标下降了3.63%。两类保险的健康绩效均出现了负相关的相关性。对于城镇职工医疗保险以及城乡居民基本医疗保险的参保人员而言，由于参保后的医疗资源可利用率提升，便存在疏于健康管理的倾向，另一方面，也因为医疗资源的利用率更高了，一些潜在疾病便会更加及时地诊断出来，因此这类参保人群的健康状况较之未参保者有所下降，但降幅较低。

在1%的显著性水平下，个人购买的商业医疗保险使得参保人群的健康指标下降了8.00%。因为商业保险的购买存在着逆向选择性，身体健康状况较差的群体更加偏向于购买商业医疗保险，以便在发生疾病时得到赔付。与此同时，商业医疗保险的参保者同样地也存在着在参保后懈怠于健康管理的道德风险，对商业医疗保险存在着心理上的依赖性，在多种因素的共同作用下使得参保人群健康水平低于未参保人群。

新型农村合作医疗保险（新农合）使得参保人群的健康指标在1%的显著性水平下提升了0.95%。农民群体是新农合保险的主要服务群体，该群体的医疗资源利用率较低，在参加新农合后，农民群体在患病时便可得到更加及时的救助，健康状况也会随之得到改善，因此推行新农合对农民群体的健康状况改善大有裨益。

对于其他种类的医疗保险，对参保者健康状况没有显现出较为明显的促进或者抑制作用，但作为分散风险的一项重要制度，不同的医疗保险均能为参保者提供经济上的帮助，消除疾病所带来的经济上的负担，对个体和社会而言都有着积极的意义。同时，不同的医疗保险共同构建起医疗保障体系，也在不断地促进医疗保障制度的完善与发展。

2. QWB视角下医疗保险健康绩效的异质性探讨

（一）户籍差异

通过对不同的户籍进行随机效应以及固定效应回归分析可以发现，城镇户籍与农村户籍的居民在不同的医疗保险作用下表现出的健康状况存在着显著的差异（表4-19）。

表 4-19 不同户籍的医疗保险回归结果

变量	乡村 随机效应	乡村 固定效应	城镇 随机效应	城镇 固定效应
城镇职工医疗保险	−0.0191***	−0.0138**	−0.0089**	−0.0036
	(0.0066)	(0.0061)	(0.0041)	(0.0039)
城乡居民基本医疗保险	−0.0724***	−0.0697***	−0.0154***	−0.0119**
	(0.0053)	(0.0054)	(0.0047)	(0.0047)
城镇居民医疗保险	−0.0148	−0.0181*	0.0228***	0.0203***
	(0.0107)	(0.0104)	(0.0067)	(0.0068)
新农合	0.0103***	0.0111***	−0.0026	0.0018
	(0.0030)	(0.0031)	(0.0038)	(0.0039)
商业医疗保险（单位）	0.0458***	0.0521***	−0.0206	−0.0228
	(0.0134)	(0.0141)	(0.0176)	(0.0166)
商业医疗保险（个人）	−0.0890***	−0.0874***	−0.0784***	−0.0742***
	(0.0036)	(0.0037)	(0.0047)	(0.0049)
医疗救助	0.0089	0.0013	−0.0055	−0.0062
	(0.0174)	(0.0178)	(0.0146)	(0.0152)
公费医疗	−0.0091	−0.0082	−0.0080	−0.0059
	(0.0074)	(0.0074)	(0.0068)	(0.0066)
城镇无业居民大病医疗保险	0.0047	0.0064	−0.0234	−0.0294
	(0.0173)	(0.0204)	(0.0225)	(0.0241)
其他医疗保险	−0.0170	−0.0177	−0.0247*	−0.0245**
	(0.0141)	(0.0113)	(0.0140)	(0.0123)
Age	0.0017	0.0011	−0.0016	−0.0008
	(0.0012)	(0.0011)	(0.0019)	(0.0016)
Gender	0.0394***	0.0387***	0.0327***	0.0320***
	(0.0021)	(0.0018)	(0.0028)	(0.0025)
Household Register	0.0120***	0.0132***	0.0181***	0.0181***
	(0.0031)	(0.0032)	(0.0036)	(0.0040)
Education	0.0019***	0.0021***	0.0028***	0.0027***
	(0.0003)	(0.0003)	(0.0002)	(0.0003)
Marrige	0.0043*	0.0056**	0.0042	0.0044
	(0.0025)	(0.0023)	(0.0037)	(0.0034)
Individual Income	0.0002	0.0010*	0.0017**	0.0022***
	(0.0005)	(0.0005)	(0.0007)	(0.0007)
Smoking	−0.0807***	−0.0839***	−0.0557***	−0.0605***
	(0.0064)	(0.0066)	(0.0077)	(0.0079)
控制省份	是	是	是	是
N	26526	26526	14793	14793
R^2		0.2340		0.1827

注：*，**，***分别表示在10%，5%和1%的置信水平上显著。

对于城镇职工医疗保险的参保者而言，随机效应下，城镇户籍以及农村户籍均表现出明显的负相关性，与前期的基本回归表现一致。而在固定效应模型下，城镇户籍的参保者的健康状况并未与该医疗保险之间存在着显著的关系。

城乡居民基本医疗保险的参保者，无论是农村户籍还是城镇户籍都表现出负相关的效应，且随机效应模型与固定效应模型相一致，其内在原因可能是参保者在参保后疏于健康管理，其自身的健康状况由此而下滑，故该项医疗保险的健康绩效为负作用。

城镇居民医疗保险是以没有参加城镇职工医疗保险的城镇未成年人和没有工作的居民为主要参保对象的医疗保险制度，在1%的显著性水平下，使得城镇居民参保者的健康状况得到了显著的提升。该医疗保险对于城镇户籍的参保者起到了明显的促进作用，在1%的显著性水平下，使得城镇居民参保者的健康状况得到了显著的提升，且随机效应模型所显现出的正向相关性结果与固定效应模型结果具有一致性，较为稳健。城镇居民医疗保险为没有收入来源的城镇居民提供了医疗资源的可获得性，使得该群体在患病后能够得到经济上的支持，有助于疾病的控制与治愈，对于改善参保者的自身健康状况起到了较为显著的积极作用。

新型农村合作医疗保险主要服务于农民群体。实证结果显示，在1%的显著性水平下，新农合的参合者的健康状况提升了1.11%，且随机效应模型所显现出的正向相关性结果与固定效应模型结果具有一致性，较为稳健。新农合使得农民群体在患疾病时能够得到及时的经济救助，减少了因病致贫以及没有经济能力承担医疗费用的局面产生，很大程度上减轻了农民群体的医疗经济负担。有助于参合者对于疾病尽早发现、尽快诊治，改善了参合者的健康状况。因此，新型农村合作医疗保险对于乡村户籍的参合者有着明显的正向健康绩效，对于乡村振兴，让农民群体共享发展成果有着深刻的意义。

对于个人购买的商业医疗保险而言，乡村户籍与城镇户籍的参保者的健康绩效都表现出负向相关性，究其原因大抵是商业医疗保险购买的自愿性与逆向选择性使得健康状况较差的群体，或者患病风险较高的群体更加倾向于购买商业医疗保险，这也就使得参保群体的健康状况有低于未参保群体的可能性，因而在实证回归中表现出消极的作用。

而对于其他不同种类的医疗保险，在户籍不同的群体中并没有显现出明显的相关性，但由于不同保险面对的群体不同，其各自存在的意义也不容忽视，都为参保者提供了相应的经济救助，解决了相应的现实问题。

（二）婚姻状况差异（表4-20）

表4-20 不同婚姻状况的医疗保险回归结果

变量	不在婚姻状态中 随机效应	不在婚姻状态中 固定效应	在婚姻状态中 随机效应	在婚姻状态中 固定效应
城镇职工医疗保险	−0.0147*	−0.0075	−0.0137***	−0.0098***
	(0.0085)	(0.0081)	(0.0036)	(0.0033)
城乡居民基本医疗保险	−0.0289***	−0.0243***	−0.0417***	−0.0392***
	(0.0083)	(0.0084)	(0.0039)	(0.0039)
城镇居民医疗保险	−0.0121	−0.0167	0.0134**	0.0103*
	(0.0190)	(0.0178)	(0.0060)	(0.0060)
新农合	0.0185***	0.0223***	0.0051**	0.0067**
	(0.0054)	(0.0056)	(0.0026)	(0.0026)
商业医疗保险（单位）	−0.0118	−0.0118	0.0121	0.0135
	(0.0407)	(0.0353)	(0.0117)	(0.0120)
商业医疗保险（个人）	−0.0665***	−0.0636***	−0.0862***	−0.0841***
	(0.0064)	(0.0067)	(0.0031)	(0.0032)
医疗救助	0.0466**	0.0376*	−0.0171	−0.0194
	(0.0228)	(0.0226)	(0.0136)	(0.0139)
公费医疗	0.0034	0.0058	−0.0098*	−0.0094*
	(0.0128)	(0.0120)	(0.0055)	(0.0054)
城镇无业居民大病医疗保险	−0.0254	−0.0261	−0.0106	−0.0128
	(0.0442)	(0.0465)	(0.0170)	(0.0184)
其他医疗保险	−0.0755***	−0.0789***	−0.0121	−0.0124
	(0.0245)	(0.0241)	(0.0106)	(0.0088)
Age	−0.0024	−0.0026	0.0033***	0.0028**
	(0.0020)	(0.0018)	(0.0012)	(0.0011)
Gender	0.0355***	0.0343***	0.0380***	0.0370***
	(0.0040)	(0.0036)	(0.0018)	(0.0016)
Household Register	0.0258***	0.0247***	0.0153***	0.0160***
	(0.0056)	(0.0057)	(0.0025)	(0.0026)
Education	0.0035***	0.0035***	0.0023***	0.0023***
	(0.0004)	(0.0005)	(0.0002)	(0.0002)
Individual Income	0.0011	0.0020*	0.0006	0.0012**
	(0.0012)	(0.0012)	(0.0004)	(0.0005)
Smoking	−0.0832***	−0.0893***	−0.0690***	−0.0719***
	(0.0123)	(0.0125)	(0.0054)	(0.0055)

续表

变量	不在婚姻状态中		在婚姻状态中	
	随机效应	固定效应	随机效应	固定效应
Drinking	−0.0066	−0.0070	−0.0154***	−0.0182***
	(0.0046)	(0.0045)	(0.0024)	(0.0022)
控制省份	是	是	是	是
N	7847	7847	33472	33472
R^2		0.2191		0.2029

注：*，**，***分别表示在10%，5%和1%的置信水平上显著。

通过对不同的婚姻状况进行随机效应以及固定效应回归分析可以发现，在婚姻状态以及不在婚姻状态（包括离婚、丧偶等）的居民群体在不同的医疗保险作用下表现出的健康状况，也存在着显著的差异性。

对于城镇职工医疗保险的参保者而言，处于婚姻状况中的群体显现出负相关的因果关系，即有所下降；由随机效应模型以及固定效应模型均可表现出显著的差异性，在1%的显著性水平下，参保者的健康水平降低了0.98%。而对不在婚姻状态中的群体，城镇职工医疗保险的健康绩效则不太明显，在随机效应下有负向相关性。已婚群体或者在生活压力上较之未婚群体有更大的压力，在参加医疗保险后，由于心理因素而对健康懈于管理，因而健康状况指标下降得更多。

城乡居民基本医疗保险的参保者，无论是在婚姻状态还是不在婚姻状态的群体都表现出负相关的效应，且随机效应模型所显现出的正向相关性结果与固定效应模型结果具有一致性，较为稳健。其内在原因可能是参保者在参保后疏于健康管理，其自身的健康状况由此而下滑，故该项医疗保险的健康绩效为负作用。

在城镇居民医疗保险的参保者中，在10%的显著性水平下，在婚姻状态中的群体健康状况提升了1.03%，且随机效应模型所显现出的正向相关性结果与固定效应模型结果具有一致性，较为稳健。而对于不在婚姻状态中的群体则没有表现出明显的相关性。城镇居民医疗保险为没有收入来源的城镇居民在患病时提供经济上的支持，而处于婚姻状况中的参保者由于家庭压力且没有稳定的经济来源，会更加注重自身的健康管理，医疗保险业也为其提供了及时的救助，防止健康状况的下滑与进一步恶化，对于改善参保者的自身健康状况起到了较为显著的积极作用。

新型农村合作医疗保险的参合者，无论是否在婚姻状态，其健康水平都有着显著的提升。实证结果显示，在1%的显著性水平下，不在婚姻状态中的群体其新农合的参合者的健康状况提升了2.23%，而对于在婚姻状况中的参合者而言，在5%的显著性水平下，在婚姻状态中的群体新农合的参合者的健康状况下提升了0.67%，且随机效应模型所显现出的正向相关性结果与固定效应模型结果具有一致性，较为稳健。新农合使得农民群体在患疾病时能够得到及时的经济救助，不在婚姻状态中的群体在面临风险时的抗风险能力更弱，很容易患疾病且无资金支持从而使得健康状况越来越差，而新农合为其提供了经济上的支撑，防止上述问题的发生，因此，对于不在婚姻状态中的群体，新农合的健康绩效正向作用更加明显且显著。

对于个人购买的商业医疗保险而言，参保者处于不同的婚姻状况中都表现出负向相关性，究其原因大抵是商业医疗保险购买的自愿性与逆向选择性使得健康状况较差的群体，或者患病风险较高的群体更加倾向于购买商业医疗保险，这也就使得参保群体的健康状况有低于未参保群体的可能性，因而在实证回归中表现出消极的作用。

而对于其他医疗保险，主要涉及在职职工重大疾病互助保障计划和生育保险，对于不在婚姻状态中的群体变现出显著的负相关性。其余不同种类的医疗保险，在不同的婚姻状况中虽然没有表现出明显的相关性，但也在为促进居民的健康生活中发挥着其不可或缺的实际效益。

（三）教育水平差异（表4-21）

表4-21 不同教育水平的医疗保险回归结果

变量	低教育水平 随机效应	低教育水平 固定效应	中教育水平 随机效应	中教育水平 固定效应	高教育水平 随机效应	高教育水平 固定效应
城镇职工医疗保险	−0.0189*** (0.0056)	−0.0182*** (0.0056)	−0.0412*** (0.0098)	−0.0379*** (0.0099)	0.0180*** (0.0039)	0.0180*** (0.0039)
城乡居民基本医疗保险	−0.0537*** (0.0056)	−0.0528*** (0.0057)	−0.0521*** (0.0105)	−0.0489*** (0.0107)	0.0167*** (0.0053)	0.0167*** (0.0053)
城镇居民医疗保险	0.0029 (0.0099)	0.0026 (0.0095)	−0.0273 (0.0174)	−0.0309* (0.0175)	0.0031 (0.0069)	0.0031 (0.0069)
新农合	−0.0018 (0.0049)	−0.0011 (0.0050)	−0.0042 (0.0101)	0.0013 (0.0100)	0.0019 (0.0029)	0.0019 (0.0029)
商业医疗保险（单位）	−0.0824*** (0.0048)	−0.0817*** (0.0050)	−0.0755*** (0.0094)	−0.0700*** (0.0095)	−0.0015 (0.0081)	−0.0015 (0.0081)

续表

变量	低教育水平 随机效应	低教育水平 固定效应	中教育水平 随机效应	中教育水平 固定效应	高教育水平 随机效应	高教育水平 固定效应
商业医疗保险（个人）	0.0046 (0.0201)	0.0036 (0.0208)	−0.0248 (0.0264)	−0.0194 (0.0265)	0.0248** (0.0125)	0.0248** (0.0122)
医疗救助	0.0131 (0.0242)	0.0129 (0.0244)	0.0348 (0.0293)	0.0266 (0.0286)	−0.0251* (0.0148)	−0.0251* (0.0148)
公费医疗	0.0000 (0.0073)	−0.0002 (0.0073)	−0.0113 (0.0096)	−0.0129 (0.0095)	−0.0043 (0.0075)	−0.0043 (0.0076)
城镇无业大病医保	−0.0309 (0.0356)	−0.0317 (0.0366)	−0.0283 (0.0449)	−0.0225 (0.0467)	−0.0088 (0.0165)	−0.0088 (0.0166)
其他医疗保险	−0.0306*** (0.0116)	−0.0311*** (0.0110)	−0.0417 (0.0273)	−0.0395 (0.0241)	−0.0032 (0.0137)	−0.0032 (0.0133)
Age	−0.0006 (0.0013)	−0.0008 (0.0011)	−0.0030 (0.0036)	−0.0025 (0.0035)	−0.0001 (0.0014)	−0.0001 (0.0013)
Gender	0.0415*** (0.0021)	0.0414*** (0.0020)	0.0345*** (0.0048)	0.0346*** (0.0047)	0.0377*** (0.0022)	0.0377*** (0.0022)
Household Register	−0.0076** (0.0030)	−0.0068** (0.0030)	−0.0696*** (0.0104)	−0.0690*** (0.0106)	−0.0042 (0.0108)	−0.0042 (0.0108)
Marrige	0.0058** (0.0026)	0.0061** (0.0025)	0.0162*** (0.0062)	0.0149** (0.0061)	0.0005 (0.0030)	0.0005 (0.0030)
Individual Income	0.0015*** (0.0004)	0.0017*** (0.0004)	−0.0003 (0.0014)	0.0000 (0.0014)	−0.0025 (0.0031)	−0.0025 (0.0031)
Smoking	−0.0604*** (0.0063)	−0.0612*** (0.0064)	−0.0125 (0.0105)	−0.0128 (0.0105)	−0.0229* (0.0126)	−0.0229* (0.0127)
Drinking	−0.0161*** (0.0028)	−0.0166*** (0.0027)	−0.0154*** (0.0058)	−0.0179*** (0.0057)	−0.0145*** (0.0030)	−0.0145*** (0.0030)
控制省份	是	是	是	是	是	是
N	24779	24779	5582	5582	10958	10958
R^2		0.2379		0.1763		0.1809

注：*，**，***分别表示在10%，5%和1%的置信水平上显著。

将受访者按照不同的学历水平进行分组，小学及以下的定义为低教育水平，初中、高中和中专定义为中教育水平，大专及以上的定义为高教育水平，分成三组分别进行研究。通过对不同的婚姻状况进行随机效应以及固定效应回归分析可以发现，已婚与未婚的居民群体在不同的医疗保险作用下表现出的健康状况，也存在着显著的差异性。

对于城镇职工医疗保险的参保者而言，低教育水平组与中教育水平组表现为显著的负相关性，对于低教育水平组的参保者，在1%的显著性水平下，低教育水平组参保人员的健康状况降低了1.82%。对于中教育水平组的参保者，在1%的显著性水平下，中教育水平组的参保人员其健康状况降低了3.79%。而对于较高的学历群体，高教育水平组的参保者而言，其健康状况却有了显著的提升，在1%的显著性水平上，高教育水平组参保人员的健康状况提升了1.80%，且随机效应模型所显现出的正向相关性结果与固定效应模型结果具有一致性，较为稳健。

城乡居民基本医疗保险的参保者，除了高教育水平群体外，中、低教育水平群里都表现出负相关的效应，且随机效应模型与固定效应模型相一致，结果具有稳定性。其内在原因可能是参保者在参保后疏于健康管理，其自身的健康状况由此而下滑，故该项医疗保险的健康绩效为负作用。

对于单位购买的商业医疗保险而言，低教育水平群体以及中等学历群体的参保者的健康绩效都表现出负向相关性，在1%显著性水平下，低教育水平群体以及中教育水平群体的参保人员健康状况分别下滑了8.17%以及7.00%。究其原因大抵是在购买商业医疗保险后，改善了个体的医疗保障水平，从而对自身的健康管理趋于松懈。另一方面，由于医疗资源的可获得性提升，一些潜在的病症被揭露出来，这样促使了参保人群的健康状况下滑。

对于个人购买的商业医疗保险而言，高教育水平群体的健康状况水平有了显著的提升，在5%的显著性水平上，其健康状况提升了2.48%，且随机效应模型所显现出的正向相关性结果与固定效应模型结果具有一致性，较为稳健。

而对于其他医疗保险，主要涉及在职职工重大疾病互助保障计划和生育保险，在低教育水平群体中表现出较为显著的负相关性，在1%的显著性水平上，低教育水平参保者的健康状况下降了3.11%。

在其余不同种类的医疗保险，不同的教育水平群体之间没有表现出显著的保险健康绩效的相关性，其是否存在内在联系需要进一步发掘和探讨。

4.4.2 商业医疗保险长短期健康绩效研究

据国家医保局统计，截至2021年末，全国社会基本医疗保险参保人数为13.6亿人，参保率稳定在95%以上，已经实现了广覆盖，为居民的医疗健康状况保驾护航。在此基础上，商业医疗保险的保险密度以及保险深度有待拓展，在上文的研究中发现，商业医疗保险的健康绩效较为明显，购买商业医疗保险的已婚群体健康状况得到了显著的改善，对于高学历层次的参保人员，商业医疗保险业对其健康状况起到了积极的促进作用。

因此本章接下来将不同的医疗保险划分为社会基本医疗保险和商业医疗保险两大类，着重聚焦于商业医疗保险，立足于不同的调查年份，尝试探究不同期限内商业医疗保险的长短期健康绩效。

1. 长短期健康绩效总体评估

本章使用CHARLS数据库2013年、2015年以及2018年的三期调查数据。数据的选取为拥有三年连续数值的统计个体，剔除掉不符合要求的微观个体，得到共计13733个样本的观测值。参加商业医疗保险的微观个体在2013年、2015年以及2018年的数量分别为283人、235人和378人。

由于本节将聚焦于商业医疗保险的长短期健康绩效，因此要排除其他医疗保险的健康绩效产生干扰。将研究的样本群体限定为参加了基本医疗保险后，又参加了商业医疗保险的微观个体。因此，实验组将选为拥有基本医疗保险且额外参加商业医疗保险的群体，将对照组设为仅拥有基本医疗保险的群体。经过上述处理并完成倾向得分匹配后的实验组为310人，对照组为28871人。

首先对样本进行倾向值匹配，选取精确度更高的核匹配方法进行匹配，同时运用倾向值匹配平衡检验来进行检验，从而对社会人口特性以及经济状况等方面的差异进行检验。其中，Unmatched（U）为匹配前的实验组与控制组样本，而Matched（M）则反映了通过匹配后分布近乎一致的实验组和控制组样本。

由表4-22可以表现出，在未对样本进行匹配处理之前，实验组以及控制组之间的不同变量的均值存在着差异，在进行匹配后，实验组与控制组在特征变量上的均值差异有所下降。因此，匹配后两组数据在个体特征方面的差距有所弱化，使得控制组和实验组的可比性以及可靠性得到提升。

表 4-22　实验组和控制组倾向值匹配平衡性检验结果

变量	样本	实验组	控制组	偏差	偏差减少	t	p>t
Age	U	3373	3877.6	−48.8	91.2	−7.48	0
	M	3373	3328.6	4.3		0.66	0.508
Gender	U	0.50323	0.47788	5.1	87.3	0.89	0.374
	M	0.50323	0.50645	−0.6		−0.08	0.936
Education	U	6.5097	4.5907	44.2	98	7.06	0
	M	6.5097	6.5484	−0.9		−0.12	0.904
Marrige	U	0.86452	0.82404	11.2	84.1	1.86	0.062
	M	0.86452	0.87097	−1.8		−0.24	0.813
Individual Income	U	0.12018	0.23839	−9.3	26	−1.43	0.152
	M	0.12018	0.03267	6.9		1.28	0.2
Smoking	U	0.00968	0.03197	−18.1	92.8	−2.44	0.015
	M	0.00968	0.00806	1.3		0.26	0.795
Drinking	U	0.18387	0.16775	4.2	60	0.76	0.45
	M	0.18387	0.17742	1.7		0.21	0.835
Household Register	U	2.8419	3.0904	−21.1	94.8	−3.57	0
	M	2.8419	2.8548	−1.1		−0.14	0.89

本节将2013年作为基期，将2013年至2015年的健康状况变化作为商业医疗保险的短期健康绩效进行考察，将2013年至2018年个体的健康状况变化视为商业医疗保险的长期绩效进行评估（表4-23）。

表 4-23　商业医疗保险长短期健康绩效

变量	短期 随机效应 QWB	短期 固定效应 QWB	长期 随机效应 QWB	长期 固定效应 QWB
商业医疗保险	0.0148*	0.0117	−0.0305***	−0.0287***
	(0.0084)	(0.0090)	(0.0080)	(0.0080)
Age	0.0050***	0.0049***	−0.0002	0.0003
	(0.0012)	(0.0011)	(0.0012)	(0.0011)
Gender	0.0377***	0.0376***	0.0374***	0.0369***
	(0.0019)	(0.0018)	(0.0020)	(0.0017)
Household Register	−0.0191***	−0.0203***	0.0811***	0.0784***
	(0.0025)	(0.0027)	(0.0022)	(0.0024)
Education	−0.0006***	−0.0007***	0.0073***	0.0070***
	(0.0002)	(0.0002)	(0.0002)	(0.0002)

续表

变量	短期 随机效应 QWB	短期 固定效应 QWB	长期 随机效应 QWB	长期 固定效应 QWB
Marrige	0.0011	0.0010	0.0012	0.0021
	(0.0025)	(0.0024)	(0.0025)	(0.0023)
Individual Income	0.0011**	0.0016***	0.0013***	0.0018***
	(0.0005)	(0.0005)	(0.0005)	(0.0005)
Smoking	−0.0805***	−0.0839***	−0.0797***	−0.0820***
	(0.0062)	(0.0063)	(0.0062)	(0.0063)
Drinking	−0.0137***	−0.0162***	−0.0149***	−0.0175***
	(0.0025)	(0.0025)	(0.0025)	(0.0024)
控制省份	是	是	是	是
N	19454	19454	29181	29181
R^2		0.1582		0.1872

注：*，**，***分别表示在10%、5%和1%的置信水平上显著。

而对于商业医疗保险而言，商业医疗保险在短期内与微观个体的健康状况存在正向相关的关系，而在长期内与微观个体的健康状况存在负相关的关系。在短期内，由于商业医疗保险的存在，因此医疗费用负担得到减轻，医疗服务的利用率会得到提升，因而微观个体得以有更多的资源来维持自身的健康状况，因此其健康状况会得到提升，在随机效应模型下，在10%的显著性水平下，参加商业医疗保险的个体其健康状况提升了1.48%。

2. 长短期健康绩效异质性分析

（一）年龄差异（表4-24）

表4-24 年龄差异下的商业医疗保险长短期健康绩效回归结果

变量	45~54岁 短期 QWB	45~54岁 长期 QWB	55~64岁 短期 QWB	55~64岁 长期 QWB	65岁以上 短期 QWB	65岁以上 长期 QWB
商业医疗保险	0.0068	−0.0227*	0.0036	−0.0495***	0.0068	−0.0180
	(0.0145)	(0.0123)	(0.0132)	(0.0117)	(0.0145)	(0.0230)
Gender	0.0276***	0.0280***	0.0414***	0.0384***	0.0276***	0.0399***
	(0.0030)	(0.0030)	(0.0028)	(0.0027)	(0.0030)	(0.0032)
Household Register	−0.0368***	0.0335***	−0.0142***	0.0855***	−0.0368***	0.1004***
	(0.0048)	(0.0046)	(0.0042)	(0.0037)	(0.0048)	(0.0042)
Education	−0.0022***	0.0036***	−0.0001	0.0073***	−0.0022***	0.0083***
	(0.0004)	(0.0004)	(0.0003)	(0.0003)	(0.0004)	(0.0003)

续表

变量	45～54岁 短期QWB	45～54岁 长期QWB	55～64岁 短期QWB	55～64岁 长期QWB	65岁以上 短期QWB	65岁以上 长期QWB
Marrige	0.0044	0.0094**	0.0053	0.0063*	0.0044	−0.0036
	（0.0042）	（0.0044）	（0.0039）	（0.0038）	（0.0042）	（0.0037）
Individual Income	0.0011	0.0011	0.0025***	0.0034***	0.0011	0.0036**
	（0.0007）	（0.0007）	（0.0007）	（0.0008）	（0.0007）	（0.0015）
Smoking	−0.0724***	−0.0802***	−0.0813***	−0.0713***	−0.0724***	−0.0587***
	（0.0092）	（0.0093）	（0.0112）	（0.0109）	（0.0092）	（0.0134）
Drinking	−0.0058	−0.0119***	−0.0207***	−0.0179***	−0.0058	−0.0229***
	（0.0043）	（0.0044）	（0.0040）	（0.0039）	（0.0043）	（0.0041）
N	6034	7649	7544	11178	6034	10354
R^2	0.1370	0.1176	0.1206	0.1466	0.1370	0.1377

注：*，**，***分别表示在10%、5%和1%的置信水平上显著。

通过将样本划分为45～54岁、55～64岁以及65岁以上三个年龄段进行研究，回归发现，对于45～54岁以及55～64岁年龄段的参保者，其健康状况在长期与购买商业保险存在负相关效应。45～54岁的参保者其健康绩效在10%的显著性水平下下降了2.27%，55～64岁的参保者的健康绩效则在1%的显著性水平下下降了4.95%。而对于高龄者，即65岁以上的参保者而言，其健康状况与医疗保险之间并未体现出显著的相关性。

（二）婚姻状况差异（表4-25）

表4-25　婚姻状况差异下的商业医疗保险长短期健康绩效回归结果

变量	在婚姻状况中 短期QWB	在婚姻状况中 长期QWB	不在婚姻状况中 短期QWB	不在婚姻状况中 长期QWB
商业医疗保险	0.0075	−0.0280	0.0119	−0.0294***
	（0.0175）	（0.0217）	（0.0099）	（0.0087）
Age	0.0037	−0.0007	0.0064***	0.0016
	（0.0023）	（0.0022）	（0.0014）	（0.0013）
Gender	0.0418***	0.0379***	0.0375***	0.0373***
	（0.0045）	（0.0044）	（0.0019）	（0.0019）
Household Register	−0.0104	0.0862***	−0.0225***	0.0767***
	（0.0067）	（0.0055）	（0.0029）	（0.0026）
Education	0.0005	0.0079***	−0.0009***	0.0068***
	（0.0005）	（0.0005）	（0.0002）	（0.0002）

续表

变量	在婚姻状况中		不在婚姻状况中	
	短期 QWB	长期 QWB	短期 QWB	长期 QWB
Individual Income	0.0034***	0.0025*	0.0013***	0.0016***
	(0.0012)	(0.0013)	(0.0005)	(0.0005)
Smoking	−0.1073***	−0.0912***	−0.0801***	−0.0802***
	(0.0166)	(0.0161)	(0.0068)	(0.0068)
Drinking	−0.0013	−0.0108*	−0.0190***	−0.0189***
	(0.0056)	(0.0056)	(0.0028)	(0.0026)
N	3157	5122	16297	24059
R^2	0.1845	0.2031	0.1533	0.1807

注：*，***分别表示在10%和1%的置信水平上显著。

通过对不同的婚姻状况进行长短期健康绩效研究发现，对于不在婚姻状况（包括离婚、丧偶等）中的参保者而言，其健康状况会有所下降，具体表现为在1%的显著性水平下，不在婚姻状态中的参保者其健康状况下降了2.94%。究其原因，大抵是因为不在婚姻状况中的参保者，其抗风险冲击的能力要弱于处于婚姻状况中的群体。

（三）教育水平差异（表4-26）

表4-26 教育水平差异下的商业医疗保险长短期健康绩效回归结果

变量	低教育水平		中教育水平		高教育水平	
	短期 QWB	长期 QWB	短期 QWB	长期 QWB	短期 QWB	长期 QWB
商业医疗保险	0.0068	−0.0134	0.0656***	−0.0385***	0.0058	0.0031
	(0.0326)	(0.0169)	(0.0242)	(0.0125)	(0.0098)	(0.0101)
Age	0.0023	−0.0015	0.0111*	−0.0096**	0.0017	0.0015
	(0.0015)	(0.0013)	(0.0067)	(0.0044)	(0.0016)	(0.0016)
Gender	0.0364***	0.0466***	0.0321***	0.0388***	0.0378***	0.0376***
	(0.0024)	(0.0023)	(0.0106)	(0.0057)	(0.0026)	(0.0026)
Household Register	−0.0315***	0.0368***	−0.0858***	−0.0355***	−0.0168	−0.0156
	(0.0032)	(0.0030)	(0.0128)	(0.0114)	(0.0128)	(0.0128)
Marrige	0.0036	0.0022	0.0211*	0.0165**	−0.0053	−0.0054
	(0.0032)	(0.0030)	(0.0127)	(0.0073)	(0.0035)	(0.0034)
Individual Income	0.0020***	0.0019***	−0.0012	−0.0017	0.0000	−0.0043
	(0.0005)	(0.0005)	(0.0022)	(0.0017)	(0.0028)	(0.0066)
Smoking	−0.0635***	−0.0593***	−0.0217	−0.0085	−0.0218	−0.0208
	(0.0081)	(0.0078)	(0.0151)	(0.0122)	(0.0148)	(0.0149)

续表

变量	低教育水平 短期 QWB	低教育水平 长期 QWB	中教育水平 短期 QWB	中教育水平 长期 QWB	高教育水平 短期 QWB	高教育水平 长期 QWB
Drinking	−0.0157***	−0.0178***	−0.0339**	−0.0240***	−0.0153***	−0.0144***
	(0.0035)	(0.0032)	(0.0132)	(0.0068)	(0.0035)	(0.0035)
N	10800	17515	981	3914	7673	7752
R^2	0.1757	0.2220	0.2243	0.1676	0.1777	0.1802

注：*，**，***分别表示在10%、5%和1%的置信水平上显著。

将受访者按照不同的学历水平进行分组，小学及以下的定义为低教育水平，初中、高中和中专定义为中教育水平，大专及以上的为高教育水平，分成三组分别进行研究。通过对不同的教育水平状况的参保者进行医疗保险长短期健康绩效研究发现，中教育水平的参保者其健康绩效在短期呈现出正向相关性，在1%的显著性水平上，中教育水平的参保者其健康状况提升了6.56%，而该群体的长期医疗保险健康绩效则表明，商业医疗保险在长期对其健康状况起到了抑制作用，在1%的显著性水平上，该群体的长期健康状况则下降了3.85%。而对于低教育水平群体而言，其商业医疗保险的健康绩效在短期内起到促进作用，在长期内则起到抑制作用，长短期医疗保险的健康绩效均不显著。对于高教育水平群体，其长短期健康绩效均为正，即商业医疗保险促进了高学历参保人员的健康状况，但均不显著。

对于中教育水平群体而言，购买商业医疗保险在短期内能够提升其对医疗资源的可获得性，参保人群可以获得及时的医疗救治，防止疾病的进一步恶化，促进其健康管理效能的提升，从而对个体的健康状况起到良好的促进作用。

（四）户籍差异（表4-27）

表4-27　户籍差异下的商业医疗保险长短期健康绩效回归结果

变量	城镇 短期 QWB	城镇 长期 QWB	乡村 短期 QWB	乡村 长期 QWB
商业医疗保险	0.0139	−0.0166	0.0077	−0.0396***
	(0.0150)	(0.0116)	(0.0099)	(0.0111)
Age	0.0047***	0.0019	0.0051***	−0.0026
	(0.0014)	(0.0014)	(0.0019)	(0.0018)
Gender	0.0408***	0.0382***	0.0316***	0.0343***
	(0.0021)	(0.0021)	(0.0030)	(0.0030)

续表

变量	城镇 短期 QWB	城镇 长期 QWB	乡村 短期 QWB	乡村 长期 QWB
Education	−0.0010***	0.0086***	−0.0003	0.0046***
	(0.0003)	(0.0003)	(0.0003)	(0.0003)
Marrige	0.0036	0.0043	−0.0031	−0.0019
	(0.0029)	(0.0028)	(0.0040)	(0.0041)
Individual Income	0.0017***	0.0016**	0.0017**	0.0020**
	(0.0006)	(0.0006)	(0.0008)	(0.0008)
Smoking	−0.0847***	−0.0934***	−0.0818***	−0.0666***
	(0.0080)	(0.0080)	(0.0103)	(0.0101)
Drinking	−0.0190***	−0.0219***	−0.0107**	−0.0096**
	(0.0031)	(0.0029)	(0.0042)	(0.0041)
N	12870	19305	6584	9876
R^2	0.1636	0.2071	0.1550	0.1626

注：**，***分别表示在5%和1%的置信水平上显著。

通过对不同的户籍状况进行分组，探讨商业医疗保险在不同群体间的长短期健康绩效研究发现，对于乡村户籍的参保，其商业医疗保险的健康绩效在长期表现出负相关，在1%的显著性水平下，乡村户籍的参保者健康状况在长期来看下降了3.96%。而城镇户籍的参保者其健康绩效在长短期均未表现出明显的相关性。

综上所述，商业医疗保险的长短期健康绩效在不同的群体之间呈现出不同的差异性，对于初中、高中和中专教育水平的参保者的短期健康状况起到促进的作用，而对于45～64岁群体、不在婚姻状态（包括离婚、丧偶等）中的参保者、初中、高中和中专教育水平的参保者，以及乡村户籍的参保者而言，商业医疗保险的长期健康绩效为负相关。

4.5 本章结论与对策建议

4.5.1 研究结论

本章基于中国健康与养老追踪调查（CHARLS）2013年、2015年以及2018年的数据，以各种不同的医疗保险作为研究对象，选取生活质量指标（QWB）作为医疗保险的健康绩效评价指标，通过行动指标（MOB）、体力活动指标（PAC）、社会活动指标（SAC）以及症状情况指标（CPX）四个维度对个体的健康状况进行刻画，运用随机效应、固定效应以及双重差分和倾向得分匹配的方法对各种医疗保险的健康绩效进行了研究分析，探求其对健康状况的影响。

分险种来看，城镇职工医疗保险、城乡居民基本医疗保险以及个人购买的商业医疗保险的医疗保险健康绩效呈现负相关性，而新型农村合作医疗保险的健康绩效为正，即新农合的参合者健康状况得到了显著的改善。

分人群来看，在户籍不同的参保者中，新农合对乡村户籍参合者健康绩效促进作用明显，提升了农村人民的健康水平。城镇居民医疗保险对于城镇户籍的参保者起到了明显的促进作用。而对于个人购买的商业医疗保险而言，乡村户籍与城镇户籍的参保者的健康绩效都表现出负向相关性，究其原因大抵是商业医疗保险购买存在逆向选择性，健康水平较差的群体更倾向于购买该类医疗保险。在婚姻状况不同的参保者中，对城镇职工医疗保险的参保者而言，已婚群体显现出负相关的因果关系，即参保者的健康绩效有所下降。城乡居民基本医疗保险的参保者，无论是已婚群体还是未婚群体都表现出负相关的效应。在城镇居民医疗保险的参保者中，已婚群体的健康状况得到了显著的提升。新型农村合作医疗保险的参合者，无论是已婚状况还是未婚状况，其健康水平都有着显著的提升。对于个人购买的商业医疗保险而言，已婚群体与未婚群体的参保者的健康绩效都表现出负向相关性。在不同的教育水平的参保者中，对于城镇职工医疗保险的参保者而言，低学历组与中等学历组变现为显著的负相关性。对城乡居民基本医疗保险的参保者而言，无论是低、中、高学历群体都表现出负相关的效应。对于单位购买的商业医疗保险而言，低学历群体以及中等学历群体的参保者的健康绩效都表现出负向相关性。对于个人购买的商业医疗保险而言，高学历群体的健康状况水平有了显著的提升。由于不同群体间的认知状况、经济特征等因素不同，不同的医疗保险的健康绩效表现出不同的效果。

分长短期来看，主要聚焦于商业医疗保险的参保者，在短期内由于医疗资源的可触及性以及医疗费用的负担降低使得参保者的健康状况得以改善，但在长期，参保者个体自身的健康状况会随之衰退。

对于细分人群的商业医疗保险长短期健康绩效结果来看，不同群体的参保者之间的长短期健康绩效存在着显著的差异性。通过年龄划分，对于45～54岁以及55～64岁年龄段的参保者，其健康状况在长期与购买商业保险存在负相关效应。对于婚姻状况差异进行分组回归发现，不在婚姻状态（包括离婚、丧偶等）

中的参保者而言，其健康状况会有所下降。对于教育水平的不同进行分组研究发现，中等教育水平的参保者其健康绩效在短期呈现出正向相关性，而该群体的长期医疗保险健康绩效则为负相关性。对于城乡户籍不同的参保者而言，乡村户籍的参保，其商业医疗保险的健康绩效在长期表现出负相关的趋势。

4.5.2 对策建议

1. 基本医疗保险层面建议

通过实证研究结论可以看出，新型农村合作医疗保险对乡村户籍的参合者健康绩效促进作用明显，提升了农村人民的健康水平。城镇居民医疗保险对于城镇户籍的参保者起到了明显的促进作用，说明基本医疗保险确实对促进参保者提升健康水平起到了积极的作用。因此需要进一步地推进基本医疗保险的覆盖范围，将"蛋糕"做大，发挥医疗保险的应有之义，起到社会的稳定器作用，彰显保障与再分配的优势，真正起到促进居民健康的积极作用。

因此，一方面要不断地推广社会基本医疗保险，做到广覆盖，使得百姓都有基本医保兜底，消除因病返贫的后顾之忧，切实惠及每位微观个体。另一方面，要提升社会基本医疗保险的运行机制，提高保障基本民生的水平，将其对百姓健康的促进效用最大化展现，真正做到惠民利民，提升民众的健康水平，改善自身健康状况，促进健康中国的建设。

此外，随着医疗改革的推进，改革也进入了深水区，对于不断暴露出来的问题要坚持改革之路走到底，真正发挥基本医疗保险的健康绩效，牢牢把握保障最广泛的民生底线。诸如城乡居民基本医疗保险的改革、个人账户改革等起到了积极的效应。同时，也要积极推行医保药物谈判，在合理的空间内降低民众医保的费用压力，立足百姓所需，推动医保政策的提质增效。统筹运用好医保资金，提升基本医疗保险的保障水平，充分激发其健康保障和管理的效能，做到提质、扩面、增效。

要进一步发挥基本医疗保险健康管理的功效，促进社区医疗服务机构发挥功能，推进分层诊疗，通过开展医疗保障知识宣传讲座等形式的活动，切实形成注重健康管理的良好社会风气。实现对健康管理的事前引导，事中保障，事后维护，最大化发挥医疗保险的保障效能，将其积极的健康绩效作用于每个个体，切实推进健康中国建设。

2. 商业医疗保险层面建议

对于商业医疗保险，综合来看短期内对参保者的健康状况起到了促进的作用，尤其对于初中、高中和中专教育水平的参保者正向效果更为明显。而长期来看，一方面由于年龄的增长，参保者自身的健康状况会有所下滑；另一方面由于道德风险的存在，参保人员可能会因此而放松了对自身健康的管理，从而做出一些影响自身健康状况的举措。

由于商业医疗保险可以弥补基本医疗保险保障水平有限的短板，满足不同层次的医疗保障需求，提升医疗资源的可触及性，降低参保者的医疗费用负担，从而使得参保者可以将更多的精力和资源用于维持自身的健康状况。因此，进一步推进商业医疗保险的发展有着深刻的现实意义，进一步发挥商业医疗保险的健康绩效，助力健康中国建设。

目前，商业医疗保险的覆盖面和保障程度都有待进一步的提升，作为医疗保障体系的重要一环，发挥其补充功能，深化保险保障责任，提升服务效能。下一步，应当继续强化商业医疗保险与基本医疗保险的对接和纵向融合，扩大医疗保险的保障范围，满足不同层级的多方位医疗保险需求，形成基本医疗保险与商业医疗保险相互促进、相互补充的良好格局，共同推进民众健康状况的提升，切实发挥保险的健康绩效。

商业医疗保险要充分发挥补充性医疗保险的自身优势，立足社会需求，充分利用市场要素资源，积极开发产品供给，扩大自身保障的范围，提升产品的质量与吸引力，补齐社会基本医疗保险保障程度不够深的短板，提供更高层次的医疗资源保障。同时，也推进商业医疗保险拓宽保险保障的外延，通过打造医疗团队、康养结合等多板块多层次的服务，来进一步发挥医疗保险的健康管理效能，通过日常的健康管理和检测，将保险的风险管理功能前置，更加侧重于事前预防与控制，引导参保者养成良好的健康行为习惯，更好地发挥其健康绩效。在事中也通过个性化、专业化的医疗资源供给，让参保人员的健康隐患尽快消除，改善自身的健康状况，切实提升健康水平。

综上所述，一方面要不断地完善基本医疗保险，发挥其压舱石的作用，保障民众最基本的医疗保障需求，促进居民的健康发展。另一方面，也要积极推进商业医疗保险的开拓创新，立足民众所需，为民众提供更高层次的医疗保障产品，进一步发挥医疗保险的健康绩效，不断向健康中国的美好愿景迈进。

第5章 我国医疗保险对门诊服务利用的影响研究[①]

5.1 引言

对每个人而言，健康都是极其重要的。医疗保险一直被大多数国家作为让每个公民获得必要的医疗服务的有效手段。许多发达国家已经建立了比较完善的多层次的医疗保险制度。我国也追随着这一步伐，不断进行着医疗保险制度的改革。1998年、2003年和2007年，国务院先后颁布了三项关于医疗保险的重大决策，并在全国范围内依次建立了城镇职工基本医疗保险（下称"城职工"或"职工医疗保险"）、新型农村合作医疗保险（下称"新农合"）和城镇居民基本医疗保险（下称"城居民"或"居民医疗保险"），以解决广大居民"看病贵，看病难"的问题。至此，我国的"全民医疗保险"体系初步形成。

随着我国老龄化速度不断增快，为了能进一步完善老年人群的医疗保障方案，开展医疗保险制度对老年人群保障效果的评价必不可少。一方面，相比于年轻人，老年人的发病率更高，尤其是患有慢性病的比例较高；另一方面，老年人尤其是农村老年人由于缺乏健康知识和患病就医的意识，往往无法进行恰当的自我治疗，更加需要专业的医疗卫生服务机构。如果现有的老年人群的医疗保障体系对老年人群在健康水平、医疗服务利用率、疾病负担、治愈状况等方面产生了显著的效果和显著的边际效益，那么势必会增强政策制定者政策研究和医疗保险政策进一步完善的信心。反之则提醒我们反思现有医疗保险体制的问题和解决思路。

然而在目前的实证研究中，鲜少有特别关注医疗保险对门诊服务利用的影

---

① 本章内容的英文版本已经发表（Qiu and Wu，2019）。

响。在老龄化程度逐渐加剧以及慢性病发病率和罹患率日益升高的情况下，统筹城乡医疗保险对门诊医疗保险制度的完善将显得尤其重要。

5.2 模型介绍

对于门诊医疗服务的次数，往往不是只有0和1两种结果。尤其是对于老年人群，他们当中大部分还患有慢性病，常常需要经常进行门诊医疗服务。此时需要用计数回归模型。

5.2.1 泊松和负二项模型

计数类型的数据，如就诊次数、顾客光顾商场次数等，其最基本的模型是泊松回归模型，它是一种广义线性回归模型。该回归模型的因变量服从泊松分布，其强度参数 μ 依赖于一系列的自变量。如果 μ 与自变量的关系是可以完全参数化的，并且仅包含外生协变量而没有其他随机干扰，则称这种泊松模型为标准的泊松回归模型。如果 μ 与自变量的关系存在随机干扰，或者存在无法观测的异质性，则称这种泊松模型为混合泊松模型。

假设有 n 个观察变量，y_i 为事件发生的次数，$X_i' = (x_{1i}, \cdots, x_{ki})$ 表示 k 维协变量向量，对于标准的泊松回归模型，取 log 连接函数，μ 为协变量的指数期望形式，则该模型可以表示为

$$f(y_i|\mu_i) = \frac{e^{-\mu_i}\mu_i^{y_i}}{y_i!}, \quad \mu_i > 0; \quad y_i = 0,1,2,\cdots \quad (5.1)$$

$$\mu_i = \exp(X_i'\beta) \quad (5.2)$$

进一步考虑带有随机干扰的情况，假设 y_i 服从参数为 θ_i 的泊松分布 $f(y_i|\theta_i)$，随机干扰项 v_i 的分布为 $g(v_i)$。这里采用 Cameron 和 Trivedi(2013)的指数期望乘以一个随机干扰项的形式，$\theta_i = \exp(X_i'\beta)v_i = \mu_i v_i$。若假设 v_i 服从两参数的伽马分布 $g(v_i; \delta, \phi)$，如果 $\delta = \phi$，则有 $E(v_i)=1$，$\text{Var}(v_i) = \frac{1}{\delta} \triangleq \alpha$。

由此可以得到 y_i 的边际分布：

$$h(y_i|\mu_i) = \int f(y_i|\theta_i)g(\theta_i|\mu_i)d\theta_i$$

$$= \int \frac{e^{-\theta_i}\theta_i^{y_i}}{y_i!} \frac{(\delta\theta_i)^\delta}{\Gamma(\delta)} \theta_i^{\delta-1} e^{-\frac{\theta\delta}{\mu_i}} d\theta_i$$

$$= \frac{\Gamma(\alpha^{-1}+y_i)}{\Gamma(\alpha^{-1})\Gamma(y_i+1)} \left(\frac{\alpha^{-1}}{\alpha^{-1}+\mu_i}\right)^{\alpha^{-1}} \left(\frac{\mu_i}{\alpha^{-1}+\mu_i}\right)^{y_i} \quad (5.3)$$

式（5.3）即为负二项-2分布。

一般地，负二项回归模型可以表示为下列形式：

$$f(y_i) = \frac{\Gamma(\psi_i+y_i)}{\Gamma(\psi_i)\Gamma(y_i+1)} \left(\frac{\psi_i}{\psi_i+\mu_i}\right)^{\varphi_i} \left(\frac{\mu_i}{\psi_i+\mu_i}\right)^{y_i} \quad (5.4)$$

$$\mu_i = \exp(X_i'\beta); \quad E(y_i) = \mu_i; \quad \text{Var}(y_i) = \mu_i + \frac{\mu_i^k}{\psi_i}$$

假设 $\psi_i = \frac{1}{\alpha}\mu_i^k$，$\alpha > 0$，则

$$\text{Var}(y_i) = \mu_i + \alpha\mu_i^{2-k}$$

我们称 α 为过离散参数。可以看出，当 $\alpha = 0$ 时，期望与方差相等，式（5.4）即为泊松分布；若 $k = 0$，式（5.4）称为负二项-2分布（NB2）；若 $k = 1$，式（5.4）称为负二项-1分布（NB1）。

5.2.2 Hurdle 模型

对于健康的人来说，他去医院就诊的频率往往很小，甚至可能好几个月也不会去一次，因此月门诊次数很可能会出现大量为0的情况，这可能就需要对0的情况单独考虑。事实上，我们可以把门诊次数的产生过程看作两个阶段，在第一个阶段选择是否会去门诊，在这个阶段，患者的选择占主导作用；在第二个阶段才是门诊的就诊次数，在这个阶段医生也许占主导作用，他可能会决定患者是否需要后续的复诊。针对上述分析的情况，Mullahy（1986）提出了Hurdle模型，首先选择是否门诊，即通过一个两点分布来决定计数是零还是非零，可以使用Logistic回归等方法解决，当跨过这一"栅栏"（Hurdle），即确定计数为非零后，就可以使用相应的截尾分布来解决非零的计数问题。常用的分布包括Logistic-Truncated 泊松模型和Logistic-Truncated NB 模型。

Hurdle模型的一般形式可以表示为

$$\Pr[y=0] = f_1(0)$$

$$\Pr[y=j] = \frac{1-f_1(0)}{1-f_2(0)} f_2(j), \quad j>0$$

其中 Logistic-Truncated NB 模型可以表示为

$$\Pr(y_i=0) = f_{1i}(0) = \frac{1}{1+\eta_i}$$

$$\Pr(y_i=j) = \frac{1-f_{1i}(0)}{1-f_{2i}(0)} f_{2i}(j), \quad j>0$$

$$f_{2i}(j) = \frac{\Gamma(\psi_i+j)}{\Gamma(\psi_i)\Gamma(j+1)} \left(\frac{\psi_i}{\psi_i+\mu_i}\right)^{\varphi_i} \left(\frac{\mu_i}{\psi_i+\mu_i}\right)^{j}$$

$$\eta_i = \exp(z_i'\gamma); \quad \mu_i = \exp(x_i'\beta)$$

其中 z_i、x_i、γ、β 分别为 η_i、μ_i 的回归变量和回归系数。

5.2.3 零膨胀模型

零膨胀模型（zero-inflated model，ZIM），由 Lambert（1992）首次提出。它与 Hurdle 模型类似，都是为了处理零过多的情况，把计数的产生分为两个过程。不同点在于，Hurdle 模型只在第一个过程产生零值，而在另一个过程产生大于零的值；而零膨胀模型的两个过程都会产生零值，在第一个过程决定是否只产生零值或者会既可以产生零值又可以产生非零值，而在第二个过程包含零值的一般分布。就门诊就诊次数来说，实际上零膨胀模型将样本分为两类人群，第一类人群是永远不会进行门诊就诊的，而第二类人群可能会进行门诊就诊，并且它们的就诊次数服从某种分布。零膨胀模型的一般形式可以表示为

$$\Pr[y=0] = f_1(0) + (1-f_1(0))f_2(0)$$

$$\Pr[y_i=j] = (1-f_1(0))f_2(j), \quad j>0$$

常用的零膨胀计数模型包括 Logistic-泊松模型和 Logistic-NB 模型。

5.2.4 有限混合模型

假如样本数据可能存在不止一种分布，并且无法直接识别哪些数据来自哪些分布。这时标准的单一分布模型可能不再适用，需要借助有限混合模型。有限混合模型可以通过一组已知分布的线性混合来描述单一分布难以拟合的样本数据。

假设因变量 y 服从 k 个成分的有限同质混合模型（混合概率不依赖于回归变量），其一般形式为

$$f(y) = \sum_{j=1}^{k} \pi_j p_j(y \mid x'\beta_j, \phi_j)$$

其中混合概率 π_j 满足 $\pi_j > 0$ 且 $\sum_{j=1}^{k} \pi_j = 1$。而成分 j 的密度函数 p_j 可以依赖于回归变量 x、参数 β_j 及尺度参数 ϕ_j。

在给定 π_j 时，y_i 属于成分 j $(j = 1, \cdots, k)$ 的后验概率可以表示为

$$\Pr(y_i \in 成分 j) = \frac{\pi_j p_j(y_i \mid x'_i\beta_j, \phi_j)}{\sum_{j=1}^{k} \pi_j p_j(y_i \mid x'_i\beta_j, \phi_j)} \tag{5.5}$$

相比于简单分布模型，有限混合模型存在一些优势。首先，有限混合模型是将几种存在差异的分布有限地组合在一起，每种分布亦可以看作样本数据潜在的"类别"。其次，有限混合模型是一种半参数的方法，它对混合变量没有分布的要求。再次，即使在混合分布为连续时，有限混合模型也能有较好的近似。最后，在实际应用中，相比于连续型的混合分布，线性组合的混合方式更易于解释，具有较高的实用价值。

如果同质有限混合分布的组成成分为负二项分布，那么它可以表示为

$$f(y_i) = \sum_{j=1}^{k} \pi_j p_j(y_i), \quad j = 1, \cdots, k$$

$$p_j(y_i) = \frac{\Gamma(\psi_{ji} + y_i)}{\Gamma(\psi_{ji})\Gamma(y_i + 1)} \left(\frac{\psi_{ji}}{\psi_{ji} + \mu_{ji}}\right)^{\varphi_{ji}} \left(\frac{\mu_{ji}}{\psi_{ji} + \mu_{ji}}\right)^{y_i}$$

$$\mu_{ji} = \exp(x'_j\beta_j); \quad \psi_{ji} = \frac{1}{\alpha_j} \mu_{ji}^k, \quad \alpha_j > 0$$

5.3 数据使用与描述

5.3.1 数据使用

本章数据来源于中国健康与养老追踪调查（CHARLS）2011～2012年全国基线的调查数据。

本章为研究医疗保险对老年人群的门诊利用影响效果，总共选取了 28 个省份的 7619 个个体样本。研究对象为年龄在 60 岁及以上、没有参加任何医疗保险以及参加了"城职工"、"城居民"和"新农合"三种基本医疗保险中的任何一种的老年人。

5.3.2 初步描述性统计分析

对样本数据进行描述性统计分析，分析的内容包括调查样本的基本信息、参加的医疗保险的信息、门诊医疗服务利用情况。

1. 相关变量描述

表 5-1 显示了门诊次数（一个月的门诊次数）、收入、自评健康状况、年龄、性别、婚姻状况、家庭人口数、存活子女数以及是否慢性病的信息。其中收入为家庭人均年收入，是根据家庭各部分的总收入和家庭人数计算的家庭人均年收入。自评健康状况的均值约为 3.64，健康状况分为极好、很好、好、一般、不好，分别赋值 1，2，3，4，5。说明被调查人群的平均健康状况在好与一般之间。男女性别比例几乎持平。是否患有慢性病均值约为 0.75，样本中慢性病患者的人数为非慢性病患者的 3 倍，此处慢性病患者是指患有 CHARLS 调查问卷中列出的几种慢性病，包括高血压、血脂异常、糖尿病、恶性肿瘤、慢性肺部疾患、肺心病、肝脏疾病、心脏病、中风、肾脏疾病、消化系统疾病、情感及精神问题、与记忆相关的疾病、关节炎或风湿病、哮喘。

表 5-1 相关变量描述

变量	均值	标准差
门诊次数	0.4946843	1.6086100
收入	6754.77	10701.77
自评健康状况	3.6410290	0.9945516
年龄	68.4656779	7.0598627
性别	0.5015094	0.5000305
婚姻状况	0.7796299	0.4145234
家庭人口数	3.3579210	1.9273681
存活子女数	2.2017325	2.4511756
是否慢性病	0.7512797	0.4322997

2. 基本医疗保险情况的对比

从总体来看,在老年人群样本中基本医疗保险的覆盖率已达到了87.8%。从表5-2可以看出,新农合的人数是最多的,但参加新农合的农村居民的收入远远小于城镇的收入,并且城镇居民的收入也几乎是城镇职工收入的一半。年龄分布上,这三类人群无显著差异。在性别比例上,城镇职工医疗保险中男性居多,而城镇居民与新农合医疗保险中女性占比较大,因为CHARLS调查的是45岁以上的人群的健康与养老状况,这个性别差异也是合理的。在慢性病的情况中,新农合参保者患慢性病的比例是最低的,但主观的自评健康状况却与城镇职工医疗保险参与者和城镇居民医疗保险参与者差不多。

表5-2 分医疗保险类型的对比分析

变量	城镇职工	城镇居民	新农合
样本量	913	337	5438
收入	18588.85	9473.10	4087.03
自评健康状况	3.6686549	3.6617211	3.6903278
年龄	68.5104053	68.7448071	68.1270688
性别	0.6276013	0.3827893	0.4874954
婚姻状况	0.8499452	0.7715134	0.7785951
家庭人口数	2.9550931	2.9169139	3.5057006
存活子女数	1.4457831	1.7448071	2.3685178
是否慢性病	0.7918949	0.8011869	0.7445752

3. 门诊次数

门诊次数的分类描述见表5-3,粗略来看,三类基本医疗保险人群的门诊次数存在明显的差异,新农合人群的月均门诊次数最高,其次是城镇职工,然后是城镇居民。但是我们尚不能确定地说新农合在门诊医疗服务的利用上效果最高,因为有可能是农民本身的健康水平决定的。

表5-3 门诊次数的分类描述

变量	类别	样本量	均值	标准差
性别	男	3821	0.4627961	1.6013685
	女	3798	0.5268562	1.6154346
地区	城镇	1780	0.4011236	1.4854736
	农村	5839	0.5232060	1.6433764
是否患慢性病	慢性病患者	5724	0.5775681	1.6013685
	非慢性病患者	1895	0.2443272	1.6154346

续表

变量	类别	样本量	均值	标准差
健康水平	极好	176	0.1875000	0.7360609
	很好	780	0.2512821	1.4845152
	好	2230	0.3201794	1.1882844
	一般	2850	0.5112281	1.5917192
	不好	1583	0.8648136	2.1314380
经济水平	INC0	3260	0.5055215	1.560570
	INC2k	1405	0.4562278	1.2353293
	INC5k	1265	0.5335968	2.0119937
	INC10k	1070	0.4018692	1.4290833
	INC20k	619	0.6058158	1.9341167
医疗保险类型	城镇职工	913	0.4943334	1.5715728
	城镇居民	337	0.3501484	1.0303179
	新农合	5438	0.5286870	1.6186462
	补充医疗保险	218	0.4541284	1.2182205
	基本医疗保险	6679	0.5160952	1.6308836

慢性病患者和非慢性病患者的门诊次数对比，慢性病患者月均门诊次数约为0.5776，远远高于非慢性病患者月均门诊次数的均值0.2443（四舍五入）。性别差异也是比较明显的，女性的门诊次数要略高于男性。城镇地区的门诊次数低于农村地区的门诊次数。

此外一个直观的显示是门诊次数随着自评健康状况的不断恶化而增加。健康状况最差级别，即自评健康状况为"不好"的人群的月均门诊量是自评健康状况"极好"的人群的接近5倍。同时我们也看到自评健康状况"极好"的人群占比并不高，说明现在大家对自己的健康普遍不是很乐观。

另一个异常的现象是门诊次数并不一致地随着收入水平的提高而增加，当然家庭人均年收入在2万元以上的人群门诊次数还是最高的，其次是家庭人均年收入在5000~10000元，门诊次数最低的是家庭人均年收入在10000~20000元。

5.4 实证结果与分析

我们利用计数回归模型，对老年人群的门诊次数进行了影响因素的分析，并且进一步将老年人群分成60~69岁、70~79岁和80岁及以上这三个年龄层次来研究，以探究医疗保险及其他因素对不同年龄层次老年人群的不同影响效果。更详细的相关变量定义如表5-4。

表5-4 计数回归模型变量的定义

变量	描述
Hosfreq	调查对象在过去一个月的门诊次数
Ins	基本医疗保险（不区分类型）：1=参加，0=没有参加
EmpIns	职工医疗保险：1=参加，0=没有参加
ResIns	居民医疗保险：1=参加，0=没有参加
RuralIns	新农合：1=参加，0=没有参加
SupIns	补充医疗保险或商业医疗保险：1=在参加基本医疗保险基础上参加了，0=没有参加
Age	年龄≥60岁
Sex	1=男，0=女
Diqu	调查对象所在地区：1=农村，0=城镇
Married	1=已婚，0=单身
PriSch	1=小学教育（对照组为文盲）
MidSch	1=初中教育（对照组为文盲）
HighSch	1=高中教育（对照组为文盲）
College	1=大专及以上（对照组为文盲）
Chronic	1=慢性病患者，0=非慢性病患者
HealRate2	1=健康状况很好（对照组为健康状况极好）
HealRate3	1=健康状况好（对照组为健康状况极好）
HealRate4	1=健康状况一般（对照组为健康状况极好）
HealRate5	1=健康状况不好（对照组为健康状况极好）
HousPer	与老年人住在一起的家庭人数
SurChild	老年人存活子女
BeiYH	1=北部沿海（对照组为大西北地区）
DongYH	1=东部沿海（对照组为大西北地区）
NanYH	1=南部沿海（对照组为大西北地区）
Dongbei	1=东北地区（对照组为大西北地区）
HuangZY	1=黄河中游（对照组为大西北地区）
ChangZY	1=长江中游（对照组为大西北地区）
Xinan	1=西南地区（对照组为大西北地区）
INC20k	1=家庭人均年收入高于20000元（对照组为低于2000元）
INC10k	1=家庭人均年收入介于10000～20000元（对照组为低于2000元）
INC5k	1=家庭人均年收入介于5000～10000元（对照组为低于2000元）
INC2k	1=家庭人均年收入介于2000～5000元（对照组为低于2000元）

续表

变量	描述
County Hos*	1=县级医院（对照组为村级、社区诊所）
CityHos	1=市级医院（对照组为村级、社区诊所）
ProvHos	1=省级医院（对照组为村级、社区诊所）
Dist1	1=就诊医疗机构的距离介于1~5km（对照组为距离小于1km）
Dist5	1=就诊医疗机构的距离介于5~20km（对照组为距离小于1km）
Dist20	1=就诊医疗机构的距离大于20km（对照组为距离小于1km）
PublicHos	1=公立医院，0=私立医院

注：*该变量仅参与零截尾分布模型的拟合，之后的6个变量同此。

在研究影响老年人群门诊次数的分析中我们一共有11个供选择的模型，包括最基本的泊松回归模型、Hurdle计数模型、零膨胀计数模型和有限混合模型等，参见表5-5。

表5-5 模型基本描述

模型	描述	参数个数
POI	泊松模型	26
NB2	负二项-2模型	27
NB1	负二项-1模型	27
HPOI	Hurdle 泊松模型	54
HNB2	Hurdle 负二项-2模型（$P(y=0)$采用Logistic回归）	59
HNB2C	Hurdle 负二项-2模型（$P(y=0)$为常数）	37
HNB1	Hurdle 负二项-1模型（$P(y=0)$采用Logistic回归）	59
INB2	零膨胀负二项-2模型	54
POIPOI	两成分的混合泊松模型	53
NBNB2	两成分的混合负二项-2模型	55
NBNB1	两成分的混合负二项-1模型	55

5.4.1 模型选择

首先，我们不区分老年人群的年龄组，将60岁及以上的样本作为一个整体考虑，一共有7619个样本。然后，对不区分基本医疗保险的类别（医疗保险变量仅包括Ins和SupIns的情况）和区分医疗保险类别（医疗保险变量包括EmpIns，ResIns，RuralIns和SupIns的情况）分别建立模型。表5-6和表5-7分别对比了上述两种情况下在不同信息量准则下几种计数回归模型的适配效果。

表 5-6　全样本：模型（不区分医疗保险类型）信息量准则对比

模型	−2 Log Likelihood	AIC	AICc	BIC	泊松统计量
NBNB2	12405.3	12515.3	12516.1	12896.9	7884.2
NBNB1	12411.0	12521.0	12522.0	12903.0	8023.3
HNB2	12414.0	12532.0	12533.0	12942.0	8673.7
HNB1	12507.0	12625.0	12626.0	13035.0	8655.2
NB1	12514.0	12568.0	12568.0	12755.0	10170.9
NB2	12566.4	12620.4	12620.6	12807.8	10761.4
HNB2C	12737.0	12811.0	12811.0	13067.0	25291.4
HPOI	13912.7	14020.7	14021.5	14395.4	14082.9
POIPOI	14726.1	14832.1	14832.8	15199.8	16261.3
POI	17777.7	17829.7	17829.9	18010.1	35785.9

由表 5-6，在不区分医疗保险类型的情况下，根据 −2 Log Likelihood（对数似然），赤池信息量准则（Akaike information criterion，AIC）和修正赤池信息准则（Akaike information criterion corrected，AICc）这三个准则，NBNB2 模型表现最佳，其次是 NBNB1 和 HNB2。从泊松统计量来看，NBNB2 模型的拟合最好，其次是 NBNB1，而其他模型均有较大的偏差。根据 BIC（Bayesian modification of the AIC）准则，NB1 模型的表现最好，其次是 NB2 和 NBNB2，这主要是由于 BIC 准则的计算过程中将样本数的影响纳入考虑范畴，加入了 log（n）作为 p 的调整项，因此对于参数较多的模型所施加的惩罚较大，相比于有限混合模型单一分布的模型在参数上受到的惩罚较小。

表 5-7　全样本：模型（区分医疗保险类型）信息量准则对比

模型	−2 Log Likelihood	AIC	AICc	BIC	泊松统计量
NBNB2	12407.8	12525.8	12526.7	12935.1	7706.9
NBNB1	12411.0	12529.0	12530.0	12938.0	7540.8
HNB2	12414.0	12540.0	12541.0	12977.0	8692.6
HNB1	12427.0	12553.0	12554.0	12990.0	9359.8
INB	12444.2	12566.2	12567.2	12989.5	9827.9
NB1	12513.0	12571.0	12572.0	12773.0	10124.8
NB2	12565.0	12627.0	12627.3	12842.1	10789.1
HPOI	13908.2	14028.2	14029.2	14444.5	13990.5
POIPOI	14688.2	14810.2	14811.2	15233.4	15960.5
POI	17763.8	17823.8	17824.1	18032.0	35701.2

由表 5-7，加入了医疗保险类型变量的情况下，根据 −2 Log Likelihood，AIC 和 AICc 这三个准则，同样也是 NBNB2 模型的表现最好，其次是 NBNB1 和 HNB2。类似地，在 BIC 准则下，NB1 模型表现最佳，其次是 NB2 和 NBNB2。从泊松统计量来看，NBNB1 模型的拟合最好，NBNB2 略逊于 NBNB1，而其他模型均有较大的偏差。由此，从两张表我们都可以看到，负二项分布相关的模型拟合都相对较好，泊松相关模型拟合均不好，说明数据的方差明显大于期望。根据以上这些准则排在末三位的分别为 HPOI，POIPOI 和 POI。另一方面，在同类分布的模型中，有限混合模型由于能更好地找到数据中隐藏的潜在类别，发现其内部的异质性，因而通常能够更好地拟合数据。因此综合考虑，我们认为 NBNB2 模型应该是这两种情况最好的选择。

5.4.2 参数估计

在不区分医疗保险类别的情况下，大部分样本数据符合模型的成分 1，混合概率估计为 0.7873；少部分的数据符合模型的成分 2，混合概率估计为 0.2127。混合模型的月估计门诊次数为 0.5083，其中成分 1 的平均月估计门诊次数为 0.3415；而成分 2 的平均月估计门诊次数为 1.1259，显著高于成分 1 的就诊次数，约为成分 1 的 3.30 倍。同样，在区分医疗保险类别的情况下，模型两个成分的划分更加明显，成分 1 的混合概率估计为 0.8735，成分 2 的混合概率估计为 0.1265，混合模型的平均月估计门诊次数为 0.5140，其中成分 1 的平均月估计门诊次数为 0.3880；而成分 2 的平均月估计门诊次数为 1.3838，约为成分 1 的 3.57 倍。从以上分析可以看出，调查样本中存在两种类型的人群，一类人群对于门诊就诊有经常性的需求，属于门诊医疗服务高利用率的人群，这部分人群是少数者；而另一类人群属于普通人群，他们对于门诊的就诊的需求并不十分显著，门诊次数也相对较少，这部分人群是多数者。通过有限混合模型我们就能将这两类人群加以区别，找到对各自门诊次数不同的影响因素。

表 5-8 为全样本下不区分医疗保险类别和区分医疗保险类别时，NBNB2 模型的参数估计结果。下面具体分析在不区分和区分医疗保险类型这两种情况下的影响参数。两种情形下成分 1 和成分 2 分别代表的是门诊需求相对较少和相对较高的人群。

表 5-8　全样本：NBNB2 模型参数估计表

变量	不区分医疗保险类型 成分1 参数估计值	P值	成分2 参数估计值	P值	区分医疗保险类型 成分1 参数估计值	P值	成分2 参数估计值	P值
Intercept	−3.2580	<0.0001	−2.0460	0.0289	−3.0218	<0.0001	−1.5133	0.2662
Ins	0.4408	0.0081*	0.3756	0.1578				
EmpIns					0.4251	0.0185*	0.7566	0.1386
ResIns					0.5203	0.0224*	−1.4791	0.1795
RuralIns					0.5416	0.0003*	−0.0265	0.9315
SupIns	−0.0350	0.9020	−0.3737	0.4605	−0.0630	0.8056	−0.6127	0.4001
Sex	−0.1537	0.1465	−0.0677	0.6856	−0.1938	0.0253*	0.0036	0.9864
Diqu	−0.1699	0.2910	0.8333	0.0103*	−0.0327	0.8429	1.0855	0.0304*
PriSch	0.0674	0.5682	−0.0091	0.9593	0.0218	0.8237	0.0099	0.9655
MidSch	0.0305	0.8624	−0.0840	0.7730	0.2576	0.0732	−1.4347	0.0164
HighSch	0.3995	0.0907	−0.7714	0.1937	0.3476	0.0892	−1.5821	0.0339
College	−0.4394	0.3507	1.9820	0.0017*	−0.1247	0.7404	1.7562	0.0222
HealRate2	−0.0516	0.9332	0.4198	0.3935	0.3640	0.3846	−0.1105	0.8674
HealRate3	1.0871	0.0378*	0.2925	0.5371	0.8648	0.0295*	−0.1858	0.7790
HealRate4	1.7832	0.0006*	0.5726	0.2304	1.5066	0.0001*	−0.1002	0.8873
HealRate5	2.5730	<0.0001*	0.8200	0.0986	2.1833	<0.0001*	0.2467	0.7294
HousPer	0.0021	0.9517	−0.0585	0.2985	−0.0294	0.2817	0.0543	0.4963
SurChild	0.0325	0.2261	−0.0418	0.3244	0.0399	0.0650	−0.1362	0.0515
BeiYH	−0.2598	0.3815	1.1572	0.0371*	−0.2526	0.3792	1.7570	0.1109
DongYH	−0.1675	0.6204	0.7977	0.1635	0.6276	0.0418*	−17.1494	0.9871
NanYH	0.8261	0.0074*	0.6210	0.3319	0.8967	0.0017*	0.0892	0.9338
Dongbei	−0.0878	0.7784	−2.7167	0.1305	−0.2529	0.4131	−3.2983	0.2637
HuangZY	0.1341	0.6260	0.1283	0.8195	0.1215	0.6633	0.1350	0.8990
ChangZY	0.0490	0.8589	0.7922	0.1506	0.0079	0.9762	1.0804	0.2915
Xinan	0.0708	0.7984	0.7685	0.1556	0.0762	0.7723	1.0091	0.3168
INC20k	0.6799	0.0006*	0.2211	0.5996	0.5636	0.0011*	0.3504	0.5670
INC10k	−0.2122	0.2660	0.4866	0.0586	0.0817	0.5389	0.0920	0.8038
INC5k	−0.3079	0.0895	0.6231	0.0036*	−0.2407	0.1224	0.8329	0.0008*
INC2k	−0.0431	0.7638	0.0360	0.8696	−0.0161	0.8951	0.1224	0.6726
Scale	3.2454	—	3.4781	—	3.7514	—	2.1859	—

注：*表示在 10% 的置信水平上显著。

在不区分医疗保险类型时，①成分1中显著的变量包括基本医疗保险、健康状况、经济区域和收入等级。首先，我们发现基本医疗保险对于门诊次数具有显著的正向影响，其系数为0.4408，即它可以将门诊次数提高55.4%。然而，补充医疗保险的影响并不显著。成分2中显著的变量包括调查地区类别、教育、健康、经济区域和收入。在该成分中基本医疗保险的影响不再显著，说明对于需要经常去看门诊的老年人，有无医疗保险对其就医行为并无很大的影响。②门诊需求本身低的老年人群，自评健康状况好、一般和不好也会显著增加门诊次数，并且三者的影响依次增大，尤其对于健康状况不好的老年人，其门诊次数增加超过了12.1倍。而在成分2中，健康状况不是一个显著因素。我们假设门诊需求较低的人群是非慢性病患者，那么一旦自我健康状况有所变化，表现出来的就是及时就医的行为，而如果是慢性病患者，自我健康状况的变化，不太会影响它本身已经多次的就诊行为。③地区对门诊次数的影响却在于门诊需求较高的那部分人群，而且我们看到，分人群后，地区因素的影响呈相反的影响方向了。门诊需求低的人群，城市居民对门诊的利用少，而门诊需求高的人群中，农村居民对门诊的利用少。这可能是由医疗服务利用的可及性决定的。在本身相对健康的人群中，城市居民普遍可以通过自我治疗的方式解决日常的健康小问题，所以降低了门诊的利用，而在健康状况相对差的人群中，由于农村医疗服务资源的匮乏，表现出来的就是本应需要的门诊服务的利用反而少了。④从收入来看，在成分1中，家庭人均年收入大于20000元的老年人相比于最低收入层显著增加了门诊就诊次数，增幅将近1倍；而家庭人均年收入介于2000~20000元的老年人的门诊就诊率相比于最低收入层却有所减少，尤其是介于5000~10000元的老年人，门诊次数显著降低了26.5%。这充分说明收入只有高到一定的程度才会增加门诊次数的利用。而一般情况下，收入对门诊医疗服务的影响并不大。成分2的结果显示，只有家庭人均收入在5000~10000元的老年人群的门诊次数才显著地高于最低收入层人群的门诊次数。⑤学历水平一般不是一个显著因素，只有在成分2中，大专及以上学历的老年人群也会显著增加门诊次数，增幅超过文盲的6.26倍。

在区分保险类型时，我们更多地关心医疗保险类型在提高门诊服务的利用上是否体现出了不同的效果。①成分1中显著的变量包括三大基本医疗保险、性别、教育、健康、存活子女数、经济区域和收入。三种不同的基本医疗保险对于门诊次数的影响效果各不相同，其中新农合的影响最大，其系数为0.5416，即它可将门诊次数提高71.9%；其次是居民医疗保险，其系数为

0.5203，即它可将门诊次数提高68.3%；最后是职工医疗保险，其系数为0.4251，即它可将门诊次数提高53.0%。同样，补充医疗保险的影响并不显著。而在成分2的人群中，每种基本医疗保险都不显著。再次说明医疗保险的作用更多地促进了本身门诊需求较低的那部分人群，其中新农合的促进效果是最高的。②成分1中，性别也是一个显著影响因素，相比于女性，男性的门诊次数降低了17.6%。相比于文盲，初中教育和高中教育程度会显著增加门诊次数，增幅分别为29.4%和41.6%。③成分1人群门诊次数也会随着自评健康状况不好而依次增加。这点跟不区分医疗保险类型是一致的。其余的结论类似于不区分医疗保险类型中的结论。

5.4.3 分年龄组的分析

表5-9进一步对比了全样本以及三个年龄组不区分和区分医疗保险类型的情况下的平均月估计门诊次数。一方面，从样本的主要成分来看，我们发现随着年龄组的增大，老年人群的门诊次数逐渐增多，其中以不区分医疗保险类型时为例，70～79岁年龄组的平均月估计门诊次数约为60～69岁的1.24倍，而相应的80岁及以上年龄组的平均月估计门诊次数约为60～69岁的1.43倍。另一方面，从混合分布来看，60～69岁年龄组的平均月估计门诊次数高于70～79岁的老年人群，这主要是由于在该年龄组中有一类不同于一般人群的对门诊医疗服务具有经常性需求的老年人，并且他们多数没有参加任何医疗保险。

表5-9 平均月估计门诊次数对比表

医疗保险类别	全样本			60～69岁			70～79岁	80岁及以上
	混合	成分1	成分2	混合	成分1	成分2		
不区分	0.5083	0.3415	1.1259	0.5580	0.3934	6.2500	0.4880	0.5620
区分	0.5140	0.3880	1.3838	0.5623	0.3917	6.0969	0.4885	0.5537

表5-10对比了全样本以三个年龄组中主要成分的不同类型医疗保险对门诊次数的影响效果。从全样本来看，三种类型的基本医疗保险均能显著地增加老年人的门诊次数，其中新农合的影响效果最大，其次是居民医疗保险，再次是职工医疗保险。说明新农合对于提高农村老年人利用医疗服务设施确实起到了很大的推动作用。从60～69岁年龄组来看，三种类型的基本医疗保险对于增加

门诊次数也均有显著的正向效应,其中居民医疗保险的影响效果最大,其次是职工医疗保险,再次是新农合。从70～79岁年龄组来看,仅有新农合对于增加门诊次数具有显著的正向效应,职工医疗保险虽然有一定的正向作用但效果不显著,而居民医疗保险却毫无正向的影响也同样不显著。从80岁及以上年龄组来看,虽然三种基本医疗保险均有一定的正向效应,但仅有新农合的效果显著。对比这三个年龄组,职工和居民医疗保险对于低龄老年人的影响效果较大,能显著增加老年人门诊次数,而对中、高龄老年人影响效果较小;而新农合对于低、中、高三个年龄组老年人均有显著正向影响,对中、高龄老年人的影响效果更大。此外,通过观察补充医疗保险的影响,我们发现在所有样本组中,补充医疗保险均不显著,并且影响很小,正负皆有。这可能是由于目前补充和商业医疗保险计划多数是针对重大疾病或者是住院补偿的,对于门诊医疗部分基本没有涉及。

表 5-10 不同类别医疗保险影响系数对比

样本	基本医疗保险	职工医疗保险	居民医疗保险	新农合	补充医疗保险
全样本（成分1）	0.4408	0.4251	0.5203	0.5416	−0.0350
P值	(0.0081*)	(0.0185*)	(0.0224*)	(0.0003*)	(0.9020)
60～69岁（成分1）	0.4819	0.5140	0.5822	0.3921	0.0998
P值	(0.0005*)	(0.0033*)	(0.0066*)	(0.0056*)	(0.6314)
70～79岁	0.3832	0.3380	−0.4648	0.4416	−0.0771
P值	(0.0247*)	(0.1671)	(0.2166)	(0.0188*)	(0.8441)
80岁及以上	0.6278	0.2551	0.0860	0.7041	0.0475
P值	(0.0741)	(0.6317)	(0.8924)	(0.0711)	(0.9377)

注:*表示在10%的置信水平上显著。

5.4.4 结果分析

综观所有样本组中对门诊次数具有显著影响的变量,在全样本时包括基本医疗保险、调查地区类别、健康状况、教育程度、经济区域和收入等级。在60～69岁年龄组包括基本医疗保险、性别、调查地区类别、教育程度、健康状况、经济区域、收入水平和存活子女数。在70～79岁年龄组包括基本医疗保险、年龄、健康状况、家庭人数和收入等级。在80岁及以上年龄组包括基本医疗保险、年龄、性别以及有无慢性病。我们可以看出,随着年龄组的增大,对门诊次数影响显著的变量逐渐减少,变得越来越单纯。对于低龄老年人群,除了对医疗服务最本质的需求，可能还受到教育、收入等多方面的影响，而对于高龄老年人，他们更多的是出于对健康的最根本的追求，医疗服务可能成为一种刚性需求。

5.5 本章结论与对策建议

本章从"全民医疗保险"和"老龄化"的背景出发，基于2011～2012年CHARLS的最新数据，分别利用计数回归模型的方法对基本医疗保险和门诊医疗服务次数进行了分析，基本结论与建议如下。

（1）基本医疗保险对于老年人群门诊次数的提高有显著效应，但不同类别医疗保险影响存在差异。

通过建立有限混合负二项模型发现：①样本老年人群中存在两类人群，绝大部分为门诊医疗服务低利用率（普通）人群，而少部分为门诊医疗服务高利用率的人群，高利用率人群的平均月估计门诊次数为低利用率人群的3.84倍。②对于普通老年人群，基本医疗保险可以对其门诊次数提高55.4%，而三种基本医疗保险的提升程度各有不同，"城职工"为53.0%，"城居民"为68.3%，"新农合"为71.9%。"新农合"对于门诊次数的提升发挥的作用最大。而这部分老年人群恰巧是占比大的人群，也就是说医疗保险在门诊利用上的促进效果惠及了大部分老年人群。③对于门诊医疗服务高利用率的人群，无论是基本医疗保险，还是分类别的医疗保险的提高效果并不显著，同时补充医疗保险对于门诊次数的影响也并不显著。

（2）不同类别医疗保险对于不同年龄层次老年人群门诊次数的影响存在差异。

在具体分低、中、高年龄层次的老年人群的研究中发现：①基本医疗保险对三个年龄层次老年人群的门诊次数的提高均有显著影响。在低龄老年人群中同样存在高、低门诊利用率两类人群，而中、高年龄层这种划分不再显著。②对于低龄老年人群中的普通人群，"城职工"对其门诊次数的提升为67.2%，"城居民"的提升为79.0%，"新农合"的提升为48.0%。对于中、高龄老年人，"城职工"和"城居民"的影响作用不再显著，"新农合"对门诊次数的提升分别为55.5%和102.2%。"城职工"和"城居民"对于低年龄老年人门诊次数的提升效果较大,而"新农合"对于低、中、高三个年龄层次的老年人提升效果都较大,并且提升率随着年龄层次增大而增大。③补充医疗保险对于三个年龄层次各自的门诊次数的影响均不显著。

(3) 统筹城乡居民基本医疗保险。

在前面的分析中我们发现基本医疗保险对医疗服务利用在城镇和农村还存在很多差异。以"新农合"和城镇居民保险为例,它们在筹资形式、缴费标准、保障形式和医疗待遇等诸多方面存在不同,"新农合"着眼于"广覆盖,低保障",而"城居民"就显得不上不下,它带给城镇居民的福利效应并不大。随着新型城镇化的不断推进,农村和城镇的界限在逐渐被打破,统筹城乡居民基本医疗保险势在必行。统筹城乡医疗保险政策,应该综合考虑居民的职业、收入、教育、家庭组成、当地经济状况、医疗设施等多方面的因素,制定更加公平的缴费、补助和保障政策,并且增加医疗保险计划的选择性,满足不同层次的居民医疗需求,从而使得城乡居民的就诊医疗机构有了更多的选择,也使得统筹基金的范围进一步扩大,有助于风险分散和资金有效分配。

(4) 针对老年人群特点提供相应医疗保障。

与年轻人相比,老年人群存在慢性病发病率高、身体机能逐渐减弱、久病难愈等特点,对于医疗服务和医疗花费有着更高的要求。老年人群在收入方面也存在两极分化的特征,高收入的老年人医疗保障较好,医疗费用的自付比例也较小,但同时也存在低收入的老年人没钱看医生的问题。而通过本章的分析,目前的医疗保险在高龄老年人的保障方面效果并不突出。随着老年人群越来越庞大,有必要单独考虑其特殊性,制定针对性的医疗保险政策,比如给予低收入老年人更高的医疗补助,单独设计适用于老年人的药品目录、疾病种类和诊疗设施,增加针对老年人的补充医疗保险和医疗救助,提供上门就诊服务,完善配套的医疗基础设施。

第6章 基于精算模型的城乡统筹分档缴费模式探究[①]

6.1 引言

6.1.1 问题的提出

1. 研究背景

为建立健全社会保障体系，进一步完善医疗保障制度。我国于1998年12月14日颁布实施了《国务院关于建立城镇职工基本医疗保险制度的决定》，这标志着我国社会医疗保险制度的正式确立。随后，从2003年开始新农合医疗制度的建立，并于2007年启动了居民医疗保险试点工作。自此，我国逐步形成主要由职工医疗保险制度、新农合和居民医疗保险制度三大板块所共同构成的覆盖全体城乡居民的基本医疗保障体系框架。

2014年，《国家新型城镇化规划（2014—2020年）》正式出台，提出以解决"促进农业转移人口落户城镇"问题为核心的新型城镇化发展纲要，对建立健全社会保障体系城乡联动机制实现有力助推的同时，也为社会基本医疗保险城乡一体化统筹进程提出了更为紧迫的现实性需求。

2. 现阶段城乡居民基本医疗保险模式

早在2014年，全国实现3个省级统筹的行政区分别为天津市、重庆市和宁夏回族自治区；出台管理办法的市、区、县分布在河北、陕西、甘肃、山东、福建、浙江、湖北、湖南、江苏、安徽、广东、海南、四川、贵州、云南以及新疆维吾尔自治区等16个省级行政区。截至调研开始，我们也发现全国大部分

[①] 本书第6章和第7章都是建立在课题组于2015年的实地调研基础上的研究，因此这两章的研究如无特殊说明都是基于2015年当时的问题做出的分析，但是模型本身和理论问题有一定的普适性。

地区都已经实现了城乡居民基本医疗保险统筹，但我们也可以发现，目前我国城乡居民基本医疗保险统筹依然呈现出"广覆盖，低层次"的状态。

3. 模式的分析与问题

在以县、市级统筹为主要体制安排的大环境下，原有"城乡二元结构"运行过程中所暴露出的问题在一定程度上得到了缓和。但相对较低的统筹层次所形成的"碎片化管理"模式，也亦步亦趋地在前进过程中引发了诸多值得关注的问题。

首先，跨地域医疗保险关系的接续与转移在现有的制度设计下，仍旧是一大难题，对劳动力的自由流动在一定程度上造成了不小的麻烦，服务保障的便捷性受到了极大制约；其次，相互独立的管理模式导致地区间缺乏联动，这无疑从源头上给重复参保与漏保现象埋下了隐患，行政管理的有效性难以得到妥善落实；最后，不同地区的筹资水平与补偿比例囿于当地经济发展水平而存在相对明显的差异，国民权利的横向公平缺乏合理保障。由此可见，低层次的统筹模式无异于扬汤止沸，难以从根本上解决当务之急。

6.1.2　研究概述

1. 关键概念的界定

（1）研究范围的界定。

以浙江省为研究对象，针对省内户籍人口中的农村非职工居民以及城镇非职工居民展开调查，同时考虑到在现有情况下学生群体的筹资标准由当地政府统一确定，不具有档次选择的灵活性，因此将学生群体从调查样本中剔除。

（2）关键词的界定。

城乡居民基本医疗保险，指的是由原有的居民医疗保险与新农合二者合并后所形成的基本医疗保险制度安排，其覆盖面包含上文中所提到的调查总体中的全体居民。省级统筹，则是指居民基本医疗保险的一种管理方式，指包括个人筹资水平、财政补贴额度、费用补偿比例、风险基金管理及调剂等内容在内的整体城乡居民基本医疗保险制度和体系以省、自治区、直辖市为单位实行统一管理。分档筹资指的是在原有单一筹资水平及补偿比例的基础上增设平行的筹资水平，通过对应的不同补偿比例及限额形成梯度分割，从而形成不同的档次。

2. 研究思路与方法

本章通过文献检索，案头查阅，全面解析政策背景，探寻政策走向，梳理归纳理论依据及其所凸显的现实意义；总结国内各地居民基本医疗保险的实施模式，结合反馈，观察效果，得出共性规律，继而将理论与现实相结合，获得居民基本医疗保险城乡一体化的可行路径。本章通过问卷调查与访谈，了解参保群体（城乡非职工居民）的切身需求与参保意愿、职能部门的政策考量与现实性制约，结合当前城乡居民基本医疗保险统筹的政策环境，进一步修正现有精算模型，修正筹资策略，提出了一套在现有政策背景下以分档精算筹资模型为核心，充分考虑参保群体切身需求与意愿的居民基本医疗保险统筹模式。

本章研究的调查数据基于前一章在浙江地区开展的实地调查。以浙江省作为采样地点，一方面是因为浙江省的整体经济社会发展水平相对较高，并且省内不同城市间存在着较为显著的经济水平梯度差异；另一方面则考虑到浙江省在医疗保险市级城乡统筹方面走在全国前列，通过实地调查可以了解现阶段我国城乡统筹的具体情况，为省级统筹做好必要的经验储备。

本章研究的抽样方法是根据人均GDP对浙江省十一个地级市进行排名，将这十一个地级市分成高、中、低三个层次，加总获得各层内参加城乡居民基本医疗保险的总人数，通过分层抽样原则确定各层中所需的样本数量比例以及样本中城镇居民与农村居民的各自占比。加之考虑到调查城市的代表性以及样本的可及性，最终选取了宁波、台州、温州三个城市作为抽样调查对象。

在具体调查时，为了保证样本的随机性，减少误差，我们对每个城市的市区、县级市、县镇、乡村等地区都予以调查，使样本分布具有广度。同时，走访相关职能部门，进行深度访谈，力求全面并深度剖析现实情况。

3. 研究意义及创新

本章的研究意义与创新点在于：在统筹模式方面，提出省级统筹、一制多档的城乡医疗保险模式，为进一步提高城乡居民基本医疗保险统筹层次提供了可行的技术保障。在精算筹资模型方面，首次将分档筹资模型加入现有的医疗保险基金测算模型中，结合通过有序 Probit 模型进行的参保群体档次选择影响因素分析，更加全面地拟合档次选择的决定机制，从而有效提高筹资模型测算的精确性。在研究方法方面，创新性地运用社会调查与数学建模、统计学与社会学相结合的研究方法，辅以 MATLAB、SAS 等编程软件，建构居民基本医疗保险城乡统筹的可行方案。

6.2 城乡统筹基本医疗保险分档缴费模型

通过对分档筹资机制的初步研究，我们发现目前的医疗保险筹资精算模型难以满足分档筹资模式下的风险基金测算的需要。基于以上分析结果，我们在原有精算模型的基础之上构建了一个新的城乡居民基本医疗保险分档筹资模型，并对此模型进行了实证检验与稳健性分析。

6.2.1 已有基础模型

社会医疗保险基金的筹集基于收支平衡原则，且着重强调社会保险的无利润性，在平均意义上，我们认为保费收入等于总基金支出。一般来说，一年的基金支出常常用于补偿药费（即医药报销费用）、支付缴纳当年的管理费用、预先提取风险储备金费用，即

$$P = M + A + R \tag{6.1}$$

其中，P 为基金支出，M 为医药保险补偿费用，A 为管理费用，R 为风险储备金。通常来说，对于管理费用的估算可用上一年的实际管理费用乘以估计的下一年的物价指数。有时，为了安全起见，还应根据地区情况再乘上一个安全系数。风险储备金则通常用于抵御风险，调节赤字。一般情况下，管理费用和风险储备金由财政拨付，且通常为保费收入的倍数。

保费收入来源包括投保人群缴纳的保险费、财政补贴费用及上年结转资金，即

$$I = I_e + I_f + I_l \tag{6.2}$$

其中，I 为保费总收入，I_e 为参与者缴纳保险费，I_f 表示各级财政补贴总额，I_l 为上年结转资金。

综上，构建等式：

$$I_e + I_f + I_l = M + A + R \tag{6.3}$$

若从人均的角度来看，则可以构造等式：

$$E_i = m + a \cdot E_i + r \cdot E_i \tag{6.4}$$

其中，E_i 为人均筹资期望，m 为人均补偿医药费，a 为风险附加率，r 为管理费用率。A，R 均为 E_i 的倍数。

6.2.2 模型改进思路

分档筹资模型构建思路如图 6-1 所示。

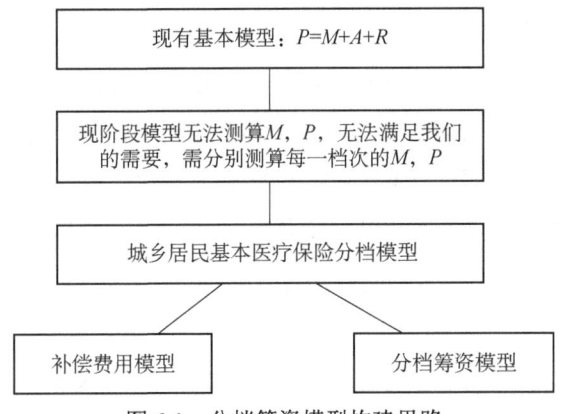

图 6-1 分档筹资模型构建思路

6.2.3 分档模型构建

1. 补偿费用模型

风险具有极大的不确定性，对于参保人来说何时患病、每次患病的医疗花费是多少都无法预测。我们通过针对具有相同致病因素、相同风险发生可能性的大量个体进行观察，获得数据并进行适当调整，计算得到一个样本的平均值。根据大数定律，$\lim_{n \to \infty} P\left(\left|\frac{\mu_n}{n} - p\right| < \varepsilon\right) = 1$，样本矩依概率收敛于总体矩，所以用 n 个样本平均值可代替估测的赔偿费用。我们选择按照赔付人次的方法来计算，即

人均补偿费用 = 次均医疗补偿费用 × 人均就诊次数

联系我国实际情况，对于社会保险来说，每一个级别的医疗机构都有不同的报销比例，所以我们将医疗机构分为村、乡、县、县以上、其他专科医院五

个级别，针对每一个级别的医疗机构分别测量门诊和住院两部分的医疗补偿费用，即

$$m = \sum_{n=1}^{5} C_{nl} \times N_{nl} + C_{no} \times N_{no} \tag{6.5}$$

$$= \sum_{n=1}^{5} \text{TC}_{nl} \times \text{ER}_{nl} \times N_{nl} + \text{TC}_{no} \times \text{ER}_{no} \times N_{no} \tag{6.6}$$

其中，C_{nl} 表示 n 级住院次均医疗补偿费用，N_{nl} 表示 n 级人均住院就诊次数，C_{no} 表示 n 级门诊次均医疗补偿费用，N_{no} 表示 n 级人均门诊就诊次数，TC_{nl} 表示 n 级住院次均总医疗费用，TC_{no} 表示 n 级门诊次均总医疗费用，ER_{nl} 为 n 级医疗机构住院报销比例，ER_{no} 为 n 级医疗机构门诊报销补偿比例。

若在等式中加入不同档次这一因素，那么不同之处在于选择不同的档次可以享受不同的报销比例，即选择高档次，医疗补偿费用比较高；选择最低档次，医疗补偿费用比较低。同时考虑一个增加系数 e，则可对（6.5）式进行改善：

$$m = \sum_{n=1}^{5} \text{TC}_{nl} \times \text{ER}_{nl} \times N_{nl} + \text{TC}_{no} \times \text{ER}_{no} \times N_{no}$$

$$= e\sum_{i=1}^{k}\sum_{n=1}^{5} (\text{TC}_{inl} \times \text{ER}_{inl} \times N_{inl} + \text{TC}_{ino} \times \text{ER}_{ino} \times N_{ino}) \times p_i \tag{6.7}$$

其中，i 表示城乡参保居民医疗保险的选择档次，例如 TC_{inl} 是选择 i 档医疗保险的城乡居民在 n 级医疗机构中住院次均总医疗费用；p_i 表示城乡投保居民选择第 i 档的概率。

2. 分档筹资模型

基于上文中构建的人均医疗补偿费用模型，可以根据上一年测算出的人均医疗补偿费用来对下一年的筹资金额进行调整。考虑分档条件，即可列得等式：

$$E_i = C_l + \sum_{i=1}^{k}(C_{ei} + C_{fi}) \times p_i \tag{6.8}$$

其中，E_i 为人均筹资期望，C_{ei} 表示人为设置的第 i 档的人均筹资金额，C_{fi} 表示人均第 i 档政府的各级财政补贴总额，C_l 表示人均上年的结转资金，p_i 表示城乡投保居民选择第 i 档的概率。因此，构建得到城乡居民基本医疗保险分档模型：

$$C_l + \sum_{i=1}^{k}(C_{ei} + C_{fi}) \times p_i = \frac{e\sum_{i=1}^{k}\sum_{n=1}^{5}(\text{TC}_{inl} \times \text{ER}_{inl} \times N_{inl} + \text{TC}_{ino} \times \text{ER}_{ino} \times N_{ino}) \times p_i}{1 - \alpha - \gamma}$$

(6.9)

6.3 样本地基本情况述析

通过对已经开展统筹工作的20个省（直辖市）进行甄选，最终确定选取浙江省作为调查研究对象。

6.3.1 样本地经济社会发展情况概述

浙江省地处中国东南沿海长江三角洲南翼，陆域面积10.55万平方公里，下辖杭州、宁波、温州、绍兴、嘉兴、金华、衢州、舟山、台州、丽水、湖州等11个地级市。截至2014年年末，全省常住人口5508万次，户籍人口4826.89万次，占比87.63%。农业人口3281.48万次，非农业人口1545.41万次。据2014年《浙江省统计年鉴》初步核算，2013年全省GDP为37568.49亿元（图6-2)，同比上涨8.37%。其中，第一产业增加值116.74亿元，第二产业增加值1130.33亿元，第三产业增加值1656.09亿元，分别增长7.00%、6.53%和10.56%。人均生产总值68462元，增长8.03%。

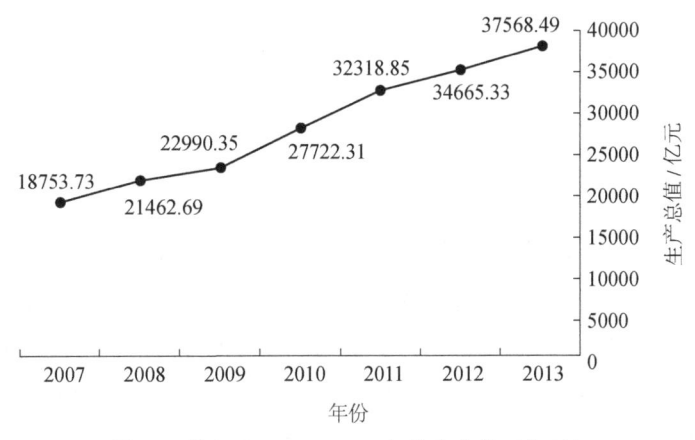

图6-2 浙江省2007～2013年生产总值（亿元）

据2014年《浙江省统计年鉴》，2014年浙江省三次产业增加值结构从2013年的4.7∶47.8∶47.5调整为4.4∶47.7∶47.9，见图6-3。第三产业比重首次超过二次产业①。

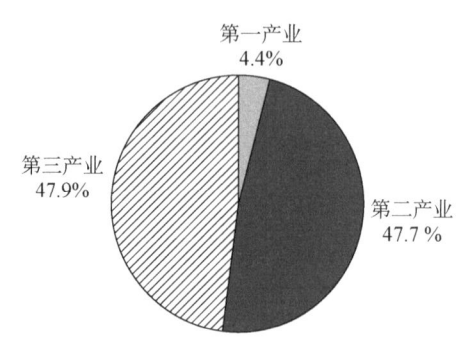

图 6-3 浙江省 2014 年生产总值构成（百分比）

而分城市来看，2013 年浙江省内各城市的 GDP 总量以及人均 GDP 如表 6-1。各城市的人均 GDP 的差距较为明显。

表 6-1 浙江省 2013 年各城市 GDP 状况

城市	GDP 总量/亿元	增长率	人均 GDP/元	人均排名
杭州	8343.52	8	94791.18	1
宁波	7128.87	8.1	93322.03	2
舟山	930.85	8.5	81653.51	3
绍兴	3967.29	8.5	80260.77	4
嘉兴	3147.6	9.3	69269.37	5
湖州	1803.35	9	62070.57	6
金华	2958.78	9.1	54802.37	7
台州	3153.34	7.9	52511.91	8
衢州	1056.57	9.1	49838.21	9
丽水	983.08	9.2	46437.41	10
温州	4003.86	7.7	43728.88	11

综上所述，浙江省经济相对较为发达，2012 年全省人均生产总值已经突破 1 万美元，并继续呈平稳增长趋势，截至 2013 年，人均居民可支配收入已经连续 21 年位居全国第一，更有杭州、宁波等市经济实力长居于中国前 20 位。三次产业结构合理，第三产业发展迅速。同时省内不同城市之间的经济差距也较为明显，且从人口结构来看，浙江省仍然有着超过半数的农村人群。不难发现，浙江省满足项目对调研区域经济、社会等因素的基本要求。

---

① 此部分的研究内容主要是在 2015 年和 2016 年完成的，因此数据的更新仅到 2014 年。

6.3.2 样本地城乡居民基本医疗保险模式概述

2009 年 12 月,杭州、嘉兴、绍兴和衢州作为浙江省基本医疗保险市级统筹首批试点城市率先开展统筹工作。2010 年末,随着湖州市基本医疗保险市级统筹方案经市政府常务会议通过,浙江省各市开始全面实施基本医疗保险市级统筹方案。短短一年内,在各级党委、政府的大力支持、人力资源和社会保障系统的艰苦努力下,该省所有县区市都出台了基本医疗市级统筹方案,统筹工作走在了全国前列。

截至 2014 年末,浙江省下辖的 11 个地级市中已有超过半数的地区实现城乡居民基本医疗保险的县级统筹。根据统筹层次大致可以分为以下三类(见表6-2)。

(1)舟山市已经实现城乡居民基本医疗保险的市级统筹,个人筹资标准、财政补贴、起付标准等在全市范围内已经统一。

表 6-2　2014 年舟山、丽水、嘉兴城乡居民基本医疗保险统筹情况

城市	县(区)	个人筹资标准/元	财政补贴/元	总筹资标准/元	在定点医疗机构起付标准				医疗基金报销	
					基层/元	一级/元	二级/元	三级/元	基层医疗机构及其他普通门诊医疗	在定点医疗机构住院医疗
舟山	—	300	600	900	300	300	800	1000	35%	二级以下80% 二级70% 三级60%或55%
丽水	—	—	—	—	400	600	600	1000	定点30% 其他10%	三级70% 二级及以下75% 基层80%
嘉兴	本市级	260	390	—	—	300	500	2000	一级及以下40% 二级15% 三级10%	一级及以下80% 二级75% 三级65%
	海宁市	260	545	—	300	500	800	1000	40%	一级75%和70% 二级55% 三级50%
	平湖市	240	476	—	300	500	800	1000	镇街道级定点40% 平湖市级定点10%	镇街道级定点80% 市级定点75% 非定点35%
	桐乡市	260	540	—	300	500	800	1000	45%	一级75% 二级三级50% 非定点10%
	嘉善县	250	490	—	300	500	1000	1500	县级25% 镇级40%	镇定点80% 县定点75% 市定点60
	海盐县	240	460	—	300	500	1000	2000	县级15% 社区卫生机构40%	县级75%

资料来源:作者根据各地出台政策进行整理。

（2）丽水市在市级文件中规定全市基本基金报销标准统一，但个人筹资标准以及财政补贴仍由各县市根据地方具体实际情况制定。

（3）嘉兴市的个人筹资、财政补贴以及报销标准均由市政府自行制定。嘉兴市的统筹模式代表了浙江省大部分地区的现有统筹状况。

杭州市本级、萧山区以及金华市本级、东阳市已经开始推行分档的筹资模式，均分为两档，为进一步提高统筹层次提供了条件。

6.3.3 样本地特点与问题

作为研究对象，特点的典型性可以为模式蓝本的复制提供有利的先决条件，而蓝本所暴露出的典型性问题也具有借鉴意义。

1. 浙江省城乡居民基本医疗保险模式特点

（1）统筹层次参差不齐，各统筹地内统筹状况较好。根据表6-2，2015年浙江省统筹层次大致可以分为 3 类，最高的已经实现整个地级市的统筹，最低的还停留在低水平的县级统筹基础上。并且各个地区的筹资标准、财政补贴以及报销比例相差较大，各统筹地之间相对独立。但在各个统筹区内大多数都已经落实了统筹政策，在执行上与管理上基本实现统筹区内的统一，且不断向着更高一级的"统一参保管理，统一待遇标准"推进。

（2）管理部门归一。在将新农合保险和城镇居民医疗保险合并为城乡居民基本医疗保险之后，管理部门必定得由原先的卫健委、人力资源和社会保障局（下称"人社局"）共同管理变为卫健委或者人社局单独管理或者成立一个新的管理部门。而在浙江省，实行统筹之后几乎所有地区都将管理权交予人社局，由人社局负责制定政策、监督实行。有些地区成立了专门的城乡居民基本医疗保险合作小组，其隶属于人社局进行城乡医疗保险的事务管理。

（3）采用分级管理的管理模式。因为全省统筹层次不一致，因此统筹区的人社局具有相对较高的权利。省人社厅给定大致的政策方向，具体各事务如筹资标准的制定、补贴标准确定以及人员机构的认定交由统筹地的人社局进行管理。

（4）资金账户管理模式实行收支两条线管理。参保人员所缴纳的医疗保险费用全部投入社会保障资金专户进行管理。医疗保险基金按年结算，当出现资金缺口时由各地历年基金进行弥补，历年基金若不足支付的则由各地财政进行负担。

2. 浙江省城乡居民基本医疗保险模式问题

（1）统筹层次较低。全省大部分地区基本处于县级统筹层次，致使医疗保险基金抵御风险能力相对较弱。保险是针对可能发生的风险所带来的损失进行风险共担的制度，是建立在大数法则的数理基础之上的，即参加保险的人越多，保险基金的规模越大，其保障与共济的程度就越高，抵御风险的能力相应也就越强。在一些规模较小的县，能参加居民基本医疗保险的人总共就几万人，即使参保率达到百分之百，其基金规模和共济能力依然有限，一旦有参保人集中患大病或者发生自然灾害、意外事故，医疗保险基金就很有可能入不敷出，出现赤字。

（2）筹资和补偿标准偏低。城乡居民基本医疗保险的筹资总额以及保障水平与职工医疗保险相差甚远，难以达到从根本上减轻居民医疗负担的作用。如何在不打击居民参保积极性、同时保障医疗保险基金需求的基础上，确定筹资以及财政补贴标准，仍为如今面对的较大问题。

（3）各个承保地区独立性强，不同地区统筹模式差异相对较大，地区间的横向公平未能得到很好的保障。受参保地的限制，参保人员在医疗保险关系转移的制度衔接方面尚有不便。如大部分地区已经实现城乡居民医保统筹，但还有部分地区属于城镇居民基本医疗保险和新农合分离的状态。

（4）异地参保与就医困难。对于有些发展速度相对缓慢的地区，医疗设施水平的限制，各地诊疗目录、药物目录以及特殊病种目录不尽相同，导致一些重大疾病无法有效治疗而要转至更高一级的地区去救治。更是有一部分流动人口游离于制度之外，不享受任何医疗保险待遇。同时本地人员在异地就医的报销程序较复杂，一般先由自己垫付而后再返回参保地根据报销凭证进行报销。值得注意的是，这种现象在调查时期存在，但是近年异地就医困难得到了很大的改善。

（5）加大了管理成本。由于各地区在筹资标准、待遇水平、经办规程、定点管理、服务作风等方面存在一定差异，不同的政策衍生出不同的管理方法和信息系统模式，而信息系统建设的重复投入，也大大增加了管理的难度与成本。

6.3.4 样本地调查情况与模型实证分析

本书以2015年浙江宁波、温州、台州三所城市及下辖逾30个市县乡级地区的城镇居民及农村居民为调查对象，开展问卷调查。最终得到样本总量1424份，有效样本量1242份，有效率约87.2%。其中，宁波市有效样本429份，温州市417份，台州市396份。以下将对样本的情况进行描述分析。调查样本基本情况见表6-3。调查数据显示，非农业户口和农业户口数量大致呈现1∶4的比例关系，与浙江省整体情况基本吻合。

表 6-3　样本基本情况

变量	指标	频数	百分率
性别	男	612	49.28%
	女	630	50.72%
户口	非农业户口	236	19.00%
	农业户口	1006	81.00%
学历	小学及以下	295	23.75%
	初中	421	33.90%
	高中及中专	353	28.42%
	大专及以上	173	13.93%

被调查者年龄多为60岁以下。年龄分布如图6-4。

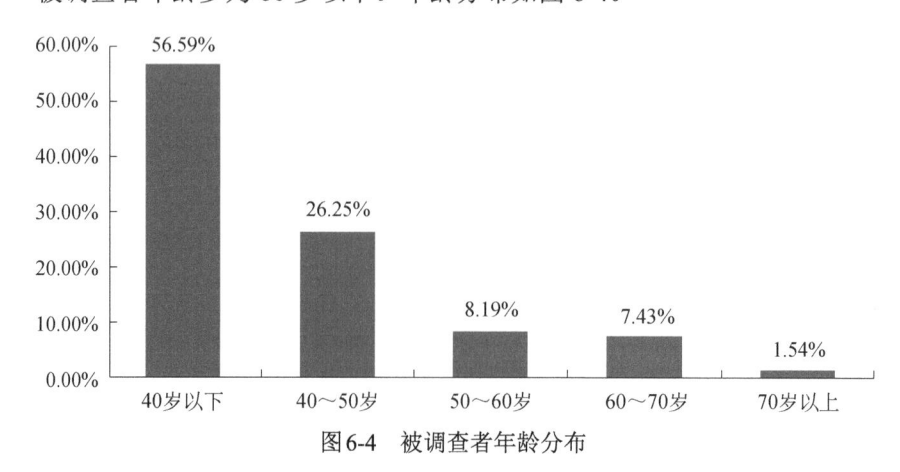

年龄段	百分比
40岁以下	56.59%
40～50岁	26.25%
50～60岁	8.19%
60～70岁	7.43%
70岁以上	1.54%

图6-4　被调查者年龄分布

被调查者的家庭人均年收入分布如图6-5，结果显示被调查者中家庭人均年收入6万元以上的超过半成。

图6-5 家庭人均年收入分布

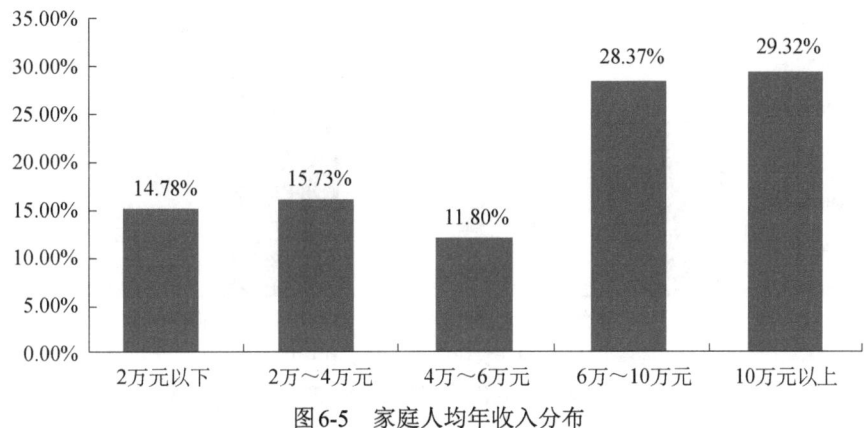

调查显示样本参与保险种类的分布,可以发现其中新农合、城居保以及两者统筹后的城乡居民基本医疗保险覆盖了94.95%的参保个体,基本符合全民参保的现状。但是仍有一部分人没有处于国家基本医疗保险的覆盖下,通过对这些受访者后期的询问我们得知他们没有参保大多是由于对于医疗保险不了解以及家庭困窘。

图 6-6 表现了受访者对现在所参加的医疗保险的满意度的分布状况。从图 6-6 中可以发现对现有医疗保险制度持满意态度的受访者不到半数。

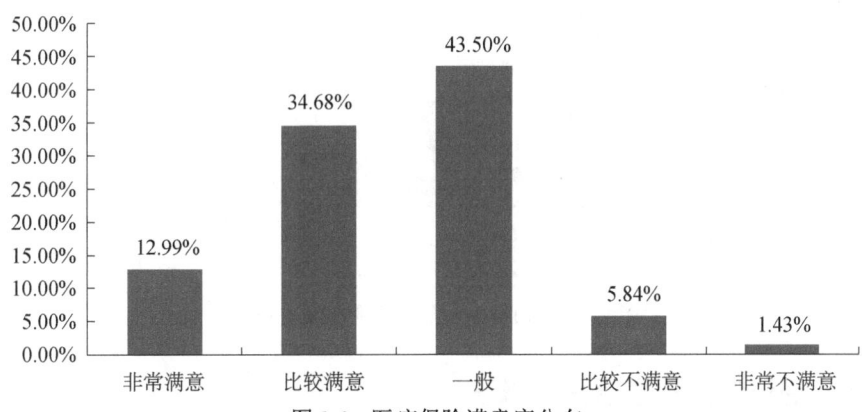

图6-6 医疗保险满意度分布

我们也发现受访者对自己参加的医疗保险的具体待遇并不是十分清楚,并且这种现象在非农业和农业户口人群间存在差异性。图6-7是两者的交叉分析。非农业户口人群相对更加了解自己所参加的医疗保险,而农业户口人群中仅有 29.07%了解自己所参加的医疗保险。

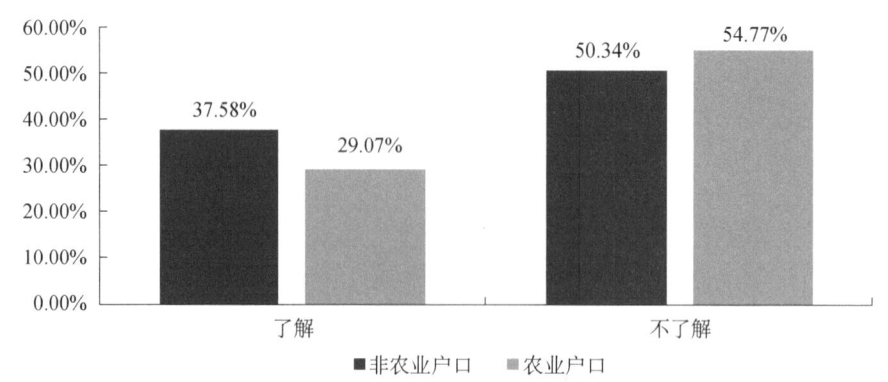

图 6-7　户口类型与对医疗保险政策了解度交叉分析图

图 6-8 是按户口类别分组的受访者的自评健康状况条形图，从图中可以发现非农业户口的参保者处于比较健康的比例高于农业户口样本下同类别的比例，而农业户口中选择一般、不健康和很不健康的比例都相对高于非农业户口。这在一定程度上可以归结于城乡之间医疗卫生设施的差距，以及城乡医疗保险政策的差异。

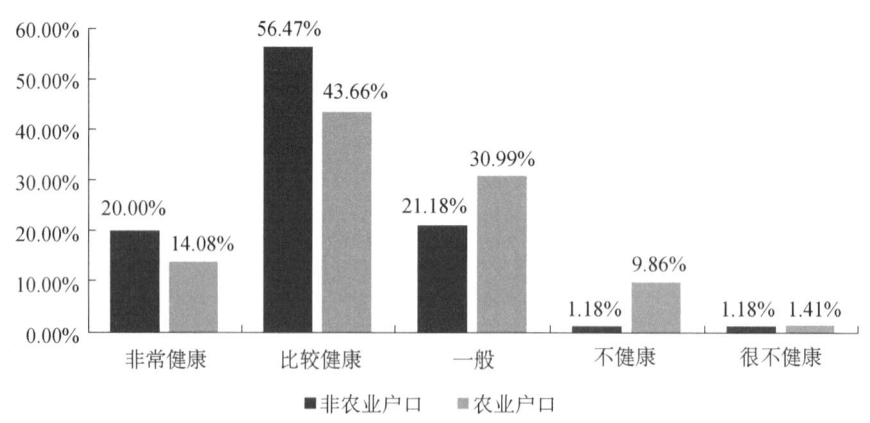

图 6-8　户口类型与健康水平交叉分析图

6.3.5　受访者分档意愿情况概述

作为档次选择决定机制的研究对象，参保群体对于医疗保险的态度可谓是研究的一大重点。通过询问受访者对实施医疗保险分档筹资的态度，得到受访者档次选择的分布。在此基础上，将户口类型、有无慢性病与档次选择分布进行交叉分析，结果如下。

如图6-9，非农业户口的受访者持肯定态度的占55.29%，农业户口更多则是持无所谓的态度。

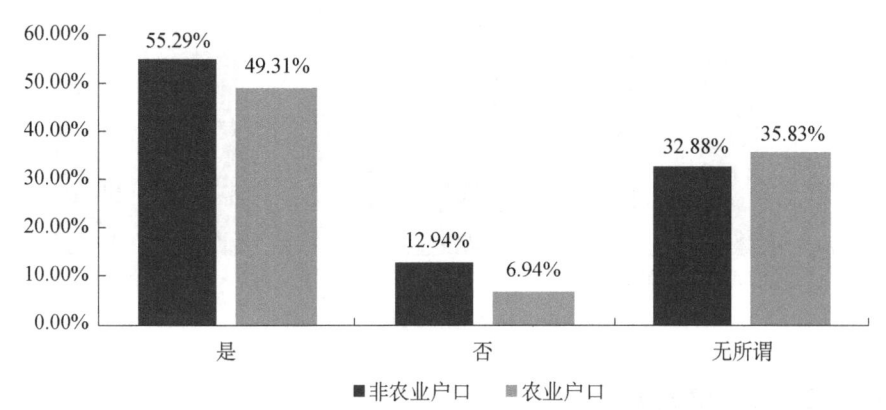

图6-9　户口类型与档次选择分布交叉分析图

如图6-10，有慢性病的样本中有58.54%的比例赞同分档制度的实施，高于无慢性病群体的50.00%。

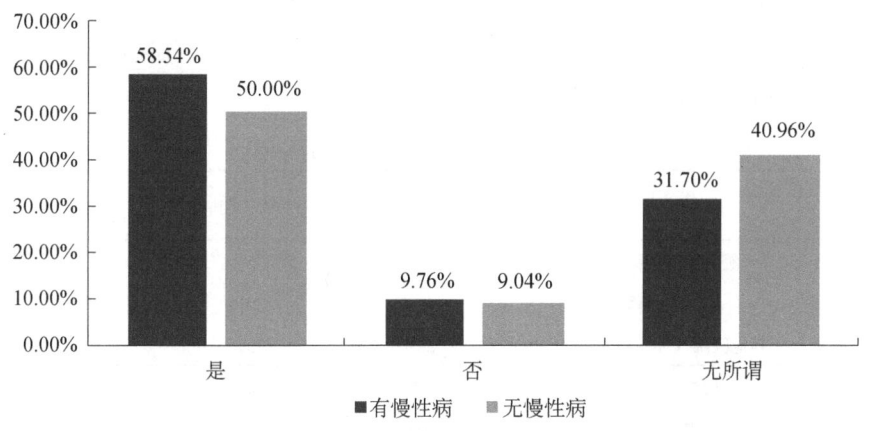

图6-10　有无慢性病与档次选择分布交叉分析

受访者所选择的档次分布如图6-11。其中，选择最低的100元以下这一档次的人数占总受访者的14.00%，选择中间的档次150~200元的有23.70%。基本上各个档次都有一定比例的人群，分布呈现中间高两头低的类似正态分布的形状，这说明分档筹资是具有一定可行性的。

图 6-11　样本档次选择意愿分布

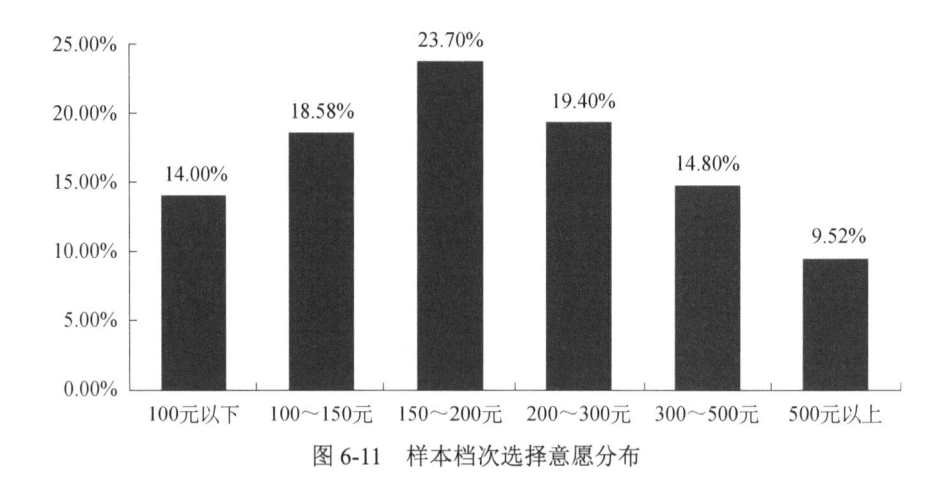

6.3.6　模型实证检验

1. 基于浙江省的分档情况研究

利用调研所得的数据结果对模型进行实证检验，这里我们依据前期收集整理的浙江省城镇、农村居民基本医疗保险补偿方案的相关文件及浙江省各个市县实际报销比例，归纳得到各级医院在分档条件下的门诊及住院补偿比（以三档为例），列得表 6-4。

表 6-4　分档条件下门诊及住院的补偿比

指标分类	医院类别	第一档	第二档	第三档
门诊	一级医院（社区医院）	30%	35%	40%
	二、三级医院	15%	20%	25%
	其他医院（如口腔医院）	20%	25%	30%
住院	市内二、三级医院	65%	70%	75%
	市内社区医院	70%	75%	80%
	省外定点三级医院	45%	50%	55%
	省外定点二级医院	65%	70%	75%
	省外非定点医院	35%	40%	45%

整理数据，同时我们根据起付线与限额的设定标准，设置了各个档次的赔付机制。设定门诊起付线为 500 元，年赔付限额为 3000 元。住院起付线为 500 元，年赔付限额为 18000 元。计算得到在起付线及支付限额共同作用情况下的总费用，见表6-5。

第6章 基于精算模型的城乡统筹分档缴费模式探究

表 6-5 浙江省调查数据整理

门诊费用	医院类别	投保总人数	第一档 387	第二档 511	第三档 286	总和 1184
一个月内门诊费用	市内一级医院（社区医院）	总次数	288	540	336	1164
		报销费用/元	14808	26481.6	15792	57081.6
		报销比例	30%	35%	40%	
	市内二、三级医院	总次数	732	1128	828	2688
		报销费用/元	34872.9	65650.7	59032.8	159556.4
		报销比例	15%	20%	25%	
一年内住院费用	市内一级医院（社区医院）	总次数	2	8	3	13
		报销费用/元	210130.9	11775	184000	405905.9
		报销比例	70%	75%	80%	
	市内二、三级医院	总次数	16	16	17	49
		报销费用	95615	115061.8	221250	431926.8
		报销比例	65%	70%	75%	
	市外定点三级医院	总次数	0	2	0	2
		报销费用	0	49350	0	49350
		报销比例	45%	50%	55%	

根据表 6-5 中结果，分别计算各档次下的次均医药费用及人均就医次数，进而计算人均补偿费用（见表 6-6）。

表 6-6 次均报销费用及人均次数计算

门诊费用	医院类别	投保概率	第一档 387	第二档 511	第三档 286
一个月内门诊费用	市内一级医院（社区医院）	次均报销费用/元	51.417	49.04	47
		人均次数	0.744	1.057	1.175
		报销比例	30%	35%	40%
	市内二、三级医院	次均报销费用/元	47.641	58.201	71.296
		人均次数	1.891	2.207	2.895
		报销比例	15%	20%	25%
一年内住院费用	市内一级医院（社区医院）	次均报销费用/元	105065.45	1471.875	61333.333
		人均次数	0.005	0.016	0.010
		报销比例	70%	75%	80%
	市内二、三级医院	次均报销费用/元	5975.936	7191.363	13014.706
		人均次数	0.041	0.031	0.059
		报销比例	65%	70%	75%
	市外定点三级医院	次均报销费用/元	0	24675	0
		人均次数	0	0.004	0
		报销比例	45%	50%	55%

城乡居民投保每一档次的概率 p_i 为 $p_1=0.327$，$p_2=0.432$，$p_3=0.241$，那么人均筹资期望 $E_i = C_1 + 0.327C_1 + 0.432C_2 + 0.241C_3$。设定由于购买保险所产生的刺激作用和物价上涨导致的医疗费用上涨综合影响的增加系数 e 为 1.4，代入相关数得到浙江省人均医疗补偿费用 m 为 1305.193 元。

我们假设管理费用是由财政拨付，并且管理费用及准备金费用均为保费收入的倍数。在上一年保险收入全部利用、没有剩余（即本年无上年结转费用）的前提下，只要测算所得的人均筹资期望大于估计的基金支出，即可说明这种筹资方法可行。我们不妨根据经验假设管理费用率为 8%，而准备金占保险费的 5%，即可求得使资金没有过多结余，同时又不会造成资金入不敷出的 $E_i \geqslant 1500.222$，且设定个人筹资与政府补贴比例为 1:2，下列几种分档模式，见表6-7。

表 6-7 分档模式举例

各种筹资模式	第一档 个人筹资额	第一档 政府补贴额	第一档 总筹资额	第二档 个人筹资额	第二档 政府补贴额	第二档 总筹资额	第三档 个人筹资额	第三档 政府补贴额	第三档 总筹资额	筹资总额
第一种	200	400	600	550	1100	1650	800	1600	2400	1483.5
第二种	250	500	750	550	1100	1650	800	1600	2400	1533
第三种	300	600	900	500	1000	1500	750	1500	2250	1482
第四种	300	600	900	500	1000	1500	800	1600	2400	1518
第五种	300	600	900	510	1020	1530	750	1500	2250	1494.9
第六种	300	600	900	520	1040	1560	750	1500	2250	1507.8
第七种	285	570	855	520	1040	1560	760	1520	2280	1500.15
第八种	270	540	810	510	1020	1530	800	1600	2400	1501.2
第九种	285	570	855	525	1050	1575	760	1520	2280	1506.6
第十种	290	580	870	520	1040	1560	760	1520	2280	1505.1

综上，在第一档 270 元，第二档 510 元，第三档 800 元的分档条件下，筹资比较恰当。

2. 模型的稳健性分析

出于对财政担负上限以及资金利用效率的考虑，以下将分别从两种极端情况对模型进行分析。

（1）从低选档。

如果全部的投保人都会选择最低档，即 $p_1=1$，$p_2=0$，$p_3=0$。此时总补偿费用及筹资额都作出相应的变化，见表6-8。

表 6-8　p_1=1 情况下的补偿情况

指标分类	医院类别	总次数	总报销费用	次均报销费用	人均次数	报销比例
门诊	市内一级医院（社区医院）	1164	49350.51	42.40	0.98	30%
	市内二、三级医院	2688	119530.59	44.47	2.27	15%
住院	市内一级医院（社区医院）	13	382120.9	29393.92	0.011	70%
	市内二、三级医院	49	394208.1	8045.06	0.041	65%
	市外定点三级医院	2	44415	22207.5	0.002	45%

同样认为无上一年结转费用，管理费用是由财政拨付，并且管理费用及准备金费用均为保费收入的倍数，同时考虑 1.4 的增加系数，则测算得到人均补偿费用为1170.165元，人均总支出为1345.017元。在这种条件下，人均筹资额仅为810 元。也就意味着，政府将要承担最大 535.017 元的人均资金缺口。所以，在此种分档条件下，政府相关部门需要提前储备资金，以防入不敷出情况的发生。

（2）从高选档。

在同种条件下考虑投保人全部投保最高档次的情况，即 $p_1=0$，$p_2=0$，$p_3=1$。那么可以测算出最大人均筹资总额为2400元，支付管理费用及风险储备金后可用金额为2088元。此时由表 6-9 计算得到人均补偿费用为1645.713元。

表 6-9　p_3=1 情况下的补偿情况

指标分类	医院类别	总次数	总报销费用	次均报销费用	人均次数	报销比例
门诊	市内一级医院（社区医院）	1164	65800.69	56.53	0.98	40%
	市内二、三级医院	2688	199217.65	74.11	2.27	25%
住院	市内一级医院（社区医院）	13	436709.6	33593.05	0.01	80%
	市内二、三级医院	49	454855.5	9282.77	0.04	75%
	市外定点三级医院	2	54285	27142.5	0.002	55%

经计算，此种投保条件下将有人均 442.287 元的资金堆积，资金的利用率相比于其他情况要低很多，同时基金结余率畸高，不利于保障作用的发挥。

6.4　基于分档模型的省级统筹城乡居民基本医疗保险模式

在通过对模型进行优化从而解决技术前提的基础上，一套崭新的基本医疗保险模式也必将随着制度的改弦更张应运而生。

6.4.1 理论基础

1. 大数法则理论

大数法则（law of large numbers），又称"大数定律"或"平均法则"。在人类长期的实践过程中，我们逐渐发现，在随机现象的大量重复中往往会出现某些几乎必然的规律，我们称之为"大数法则"。这一理论在保险学的应用中可以理解为：随着风险单位数量的不断增加，其实际损失的结果会愈发接近从无限单位数量得出的预期损失可能的结果；也即，平均损失会趋向并稳定于期望损失。

对于城乡居民基本医疗保险来说，随着统筹层次的提高，原有分立基金账户的合并将实现在同一保障制度下参保群体的扩大和基金统筹总额的增加，从而达到增强社保基金的抗风险能力，促进风险担负的公平性以及扩大风险分散面的预期目标。在极大程度上为社保基金的平稳运行提供有力保障。

2. 福利经济学理论

英国经济学家庇古，根据边际效用递减理论提出了福利经济学的两个基本命题，那就是"国民收入总量越大，社会经济福利就越大；国民收入分配越是均等化，社会经济福利就越大"。依据经济福利指数的计算方式，个人收入内含的福利数量则受制于收入分配的平等程度。如果收入分配处于平等状态，则个人收入的外在数值与其内含的福利数量等值；反之，如果收入分配存在着不平等的情况，个人收入内含的福利数量则小于个人收入的外在数值。社会保障中的医疗保障作为国民收入再分配的重要组成部分，在分配调节的过程中起到了重要的杠杆作用。提高城乡居民基本医疗保险的统筹层次，有助于消除地区间基于经济发展水平差异所引致的筹资水平与补偿比例不对称现象，进一步缩小地区间医疗保障水平与待遇差异，更为显著地增加社会经济福利。

6.4.2 模式思路与概况

1. 参与主体

（1）省发展和改革委员会（下称"发改委"）。发改委是综合研究与拟定经济和社会发展政策，进行总量平衡，指导总体经济体制改革的职能部门。

负责组织实施社会发展战略和年度规划，具有不可缺少的统筹全局的作用。同时在制定政策时应考虑到整个省的统筹情况、实际能力等客观因素且不能忽视民情民意等主观条件。不断推进政策的实施，保证政策切实落实到各级县市政府。

（2）财政局。财政局主要负责调剂金的协调、控制与监管。参与制定统一的医疗保险缴纳标准、医疗保险待遇支付标准以及统一的基金调剂方式。根据收支平衡原则以及历年数据，建立风险调剂金，及时弥补资金缺口，完善各县市间的转移支付体制。确保资金用在对的地方，根据以往基金运行状况、省级政策对本年度的筹资标准以及财政补贴给出建议。

（3）卫健委、人力资源和社会保障局。人社局和卫健委作为统筹之前管理居民基本医疗保险和新农合保险的机构在统筹之后需要进一步对原有的组织形式进行改善并加大宣传力度。人社局负有重任，牵头制定医疗保险基金的收支政策，同时应进一步完善社会保障系统、社保信息平台，统一信息库以及网站，减少重复参保现象，统一经办流程，不断推进"一卡通"的建设，提高服务水平。配合省级医疗保险政策，深入民众，加强对定点医院、定点药店以及药物的审核与监管，统一医药目录管理，并指导镇、街道的医疗保险服务机构开展参保登记和日常受理业务。省人社厅要做好全省城乡居民基本医疗保险的牵头和协调工作，加强对各辖区的指导和监督。

（4）定点医疗机构以及第三方机构。切实加强医疗保险信息系统建设，为参保者提供方便、便捷的医疗保险服务。第三方机构要充分发挥本身具有的精算服务等方面的优势，进一步做好审核督查工作，提高管理规范，配合省政府各部门为参保者提供一个更加优质的参保环境。

2. 统筹模式

基于浙江省现阶段多处于城乡居民基本医疗保险县级统筹的阶段，统筹模式应从初级阶段逐步过渡到高级阶段。

（1）筹资机制的"分档化"，即采用分档筹资的筹资机制。根据上文提到的城乡医疗保险精算分档模型、分档筹资模型以及补偿支出模型，利用大数定律，借用本省基金支出、医药保险补偿费用、管理费用和风险储备金等数据，基于收支平衡等原则即可计算出所分各档金额，如表6-10所示。

表 6-10　浙江省医疗保险省级统筹分档模式

档次	个人筹资/元	财政补贴/元	总筹资额/元	门诊报销比例	住院报销比例
第一档	270	540	810	一级医院 30% 二、三级医院 15% 其他医院 20%	市内二、三级医院 65% 市内社区医院 70% 省外定点三级医院 45% 省外定点二级医院 65% 省外非定点医院 35%
第二档	510	1020	1530	一级医院 35% 二、三级医院 20% 其他医院 25%	市内二、三级医院 70% 市内社区医院 75% 省外定点三级医院 50% 省外定点二级医院 70% 省外非定点医院 40%
第三档	800	1600	2400	一级医院 40% 二、三级医院 25% 其他医院 30%	市内二、三级医院 75% 市内社区医院 80% 省外定点三级医院 55% 省外定点二级医院 75% 省外非定点医院 45%

同时，为适应经济的快速发展、人民群众收入的提高以及医疗水平的变化，应建立医疗保险给付的动态调整机制，使得现行政策中的缴纳额与医药补偿费、住院门诊就诊次数、报销比例等指标形成关联性调节机制。

（2）资金调剂的"统账化"。从分级平衡的省级调剂金模式逐步过渡到省级统收统支模式。分级平衡的省级调剂金模式是指各市将所征纳的医疗保险费用以及财政补贴按照一定的比例上缴省级财政进行统一管理，在省内各个地区之间进行调剂。当地基金用于日常医疗保障，如统筹地基金出现缺口，按规定由调剂金进行补助，余下缺口部分由当地政府筹资弥补。统收统支模式则是指各地将征收的医疗保险费用以及财政补贴统一全部上缴给省级财政，建立专门账户进行管理。省财政建立省级风险调剂金，统一安排支出并在省内进行调剂，当年资金超出累计部分则由省级政府负担。

（3）管理模式的"垂直化"。从分级管理模式过渡到垂直管理模式。分级管理模式类似于养老保险统筹中的"属地管理"模式。统筹地政府负责基金管理，机构、人员由各市负责任命。但在经办流程、政策方面实行全省统一标准。垂直管理模式即从人员任命、机构设立、基金管理到监督检查等全由省级统一管理，从而在真正意义上达到省级统筹。

6.5 本章结论与对策建议

6.5.1 研究结论

随着新型城镇化进程的不断推进，基本医疗保险城乡统筹也必将以全新的面貌迈向全新的高度，同时，分档筹资的筹资机制的适用范围也必将越来越广泛。在该进程中，浙江省各级政府的作用显得尤为重要。各级政府应切实履行自身责任并带动有关部门相互配合，相互协作，努力形成"省级统筹、医疗保险联动、政府托底"的医疗保险"新常态"。

6.5.2 风险及管控

一套健全的制度不单单来自模式设计的优越，谨慎的风险分析更是顺利推进的关键所在。

1. 分档筹资机制存在的风险

（1）参保人员是否能选择适合自身的筹资档次非常重要。若参保人员不能很好地体会到个中利弊，则该种模式就难以很好地发挥其本身应有的过渡性作用，如出现盲目选择较低档次的状况。

（2）由于所分档次增多，监督和管理的成本也随之提高，于是很容易诱发"骗保"现象。"骗保"行为主要包括冒名顶替、串换药品、贩卖药品、提供虚假证明、隐瞒病因和虚报费用等。分档使得个别缴纳低费用档次的人员可以通过冒名顶替、借用医疗保险卡等方式获得高比例待遇水平，无形中为"骗保"提供了投机取巧的空间。

（3）"一制多档"的筹资模式只是一个过渡方式而并非最终目标。在政策的实行过程中，很多地区可能会本末倒置，将分档筹资摆在高于统筹的位置之上，但我们必须意识到实行分档筹资的最终目的是更好地实现省级统筹。

（4）医疗保险基金缺口风险性增加。采用"一制多档"的筹资模式意味着对参保人员选档分布的预测变得更为重要。参保人员的选档分布直接影响着医疗保险基金的收支平衡，分布预测的不确定性增加使得对收支估计的不确定性同步增加。

（5）逆向选择风险。参保个体对自身的健康状况有一定程度的了解，但由于信息的不对称性，医疗保险机构无法准确地获取这些信息。认为自己身体健康状况相对较差的人将会更加愿意去参保，而觉得自己身体健康状况相对较好的人则倾向于不参保。在分档筹资模式下，这一行为将演变成为档次选择的"自身贴合性"，在增进参保群体医疗保障水平的同时，不免也为医疗保险基金的偿付施加了一定的压力。

事实上，我们对浙江省抽样数据采用了有序 Probit 回归来对影响个体选择不同档次的因素进行实证分析。结果显示年龄大、门诊次数高、年住院次数高的人群倾向于选择高筹资档次。这说明逆向选择是客观存在且亟须防范的风险。

2. 省级统筹模式下的风险分析

（1）管理体制混乱，权责划分不明确。由于处于过渡时期中，有些部分虽然是政策明确清楚的规定，但在具体操作中可能会有所偏差。比如说政策明确规定实行垂直管理的模式，但是由于过渡的不充分性，很多县市人员任命、管理以及资金管理权仍在本地政府。又如当地政府基于经济发展的考量，可能会干预社保政策的实施，在夯实参保人数、夯实筹资基数等方面落实得不尽如人意。这将在很大程度上影响省级统筹的进程，且在过渡过程中逐渐将地方有关部门的责任转移到省级部门，容易造成权责划分界限的模糊。

（2）地区有关部门积极性受挫。垂直管理模式以及统收统支模式使得统筹责任过多集中于省级，县市在省级统筹中则多处于旁观状态，一味地依靠省级部门，容易造成有些地方相关部门不积极监督统筹进程、督促地方筹资，导致缴费基数无法夯实，对企业监管放松的现象。

（3）容易产生资金账户空账。实行省级统筹统收统支的资金管理模式后，财政负担多压于省级财政部门，加上地方财政部门对资金的管理相对放松，上缴的医疗保险资金可能满足不了要求，因此省级财政部门负担较大，容易产生空账。

（4）对政策预期的失信。由于政策的复杂性、多变性以及信息的不对称，人民群众在政策变动之初可能很大程度上并不能实实在在地理解到政策的利弊，对未来预期无法估计，这在很大程度上会影响政策的有效性。

6.5.3 对策建议

（1）寻求稳健的资金筹集机制，完善财政拨付体制。强化资金的内部制约和管理，完善资金征缴和对账机制，提高征缴率，确保资金安全。筹资水平应适应于经济发展水平以及人民生活水平的变化，定期进行相应的调整。夯实参保人群，完善筹资体系。同时根据国家相关政策，加大转移支付力度。

（2）完善医疗保险制度的相应配套措施。不断深化城乡居民基本医疗保险以及其配套措施的改革，推进城乡一体化进程。同时，进行医疗资源的均衡分配，探究与职工医疗保险衔接的方法。

（3）积极探索解决异地就医的方法。从调研结果来看，大部分群众对异地就医的困难性以及烦琐性表示了不满，意味着解决异地就医的问题是当务之急。应当根据流动人口的就业领域、就业年份以及居住年份制定一套相对完善的就医制度，取消省内异地就医限制。

（4）加强对医疗保险基金的监督。为保证医疗保险基金能够应对资金缺口可能带来的风险，各地应制定政策在适合的范围内加大医疗保险资金的收入，同时控制不合理的支出增长，如：药品串换、大方、人情方等现象。

（5）扩大信息系统覆盖范围，建立基层管理机构。推广医疗保险信息平台，为基层人民参保就医提供便利。缩小管理范围，以基层为一个管理单位，加强对各个区域内的管理，首先落实好基层工作。

（6）省级统筹要分步推进，不可急于求成。从调研阶段来看浙江省各个地区的状况来看，各地差异较大且在短时间内无法达到相近水平，因此省级统筹在短期内是无法实现的，必须分步骤实行。比如在统筹层次仍处于较低程度的地区，先在各个县市进行城乡居民基本医疗保险的统筹，再进行地级市统筹，最后实现省级统筹，相对而言，每提高一个层次，难度就上升到一定高度。

第7章　统筹城乡医疗保险分档缴费模式下逆向选择风险研究

7.1　引言

　　广覆盖下的基本医疗保险衍生出重复参保、医疗关系转移难以实现合理衔接等社会问题。其中，职工基本医疗保险的资金主要来自用人单位和职工共同缴费，城居保和新农合的资金都是来自政府（一般税收）和个人。虽然后两者报销比例、商品目录等并不相同，但是在设计原理上基本相同。与职工医疗保险相比，相对更为接近。因此积极推进两项制度的整合是社会医疗保障体系的发展趋势。2012年，党的十八大报告强调要"统筹推进城乡社会保障体系建设""整合城乡居民基本养老保险和基本医疗保险制度"。2013年，《国务院批转发展改革委等部门关于深化收入分配制度改革若干意见的通知》明确指出"提高城镇居民基本医疗保险和新型农村合作医疗筹资和待遇水平，整合城乡居民基本医疗保险制度"。2016年10月，人社部印发《关于深入学习贯彻全国卫生与健康大会精神的通知》强调，加快推动城乡基本医保整合……努力实现年底前所有省（区、市）出台整合方案，2017年开始建立统一的城乡居民医保制度。该模式下，有工作单位的城镇劳动者参加职工医疗保险，其他劳动者和社会人员参加城乡居民基本医疗保险。可见当前的政策支持和筹资标准的逐步统一为城镇居民基本医疗保险和新农合这两种制度的整合奠定了一定基础。截止到2016年1月1日，全国已有天津、青海、山东、重庆等8个省级地区全面实行城乡医疗保险制度整合。

　　纵观全国各地在整合城乡居民基本医疗保险制度的过程中，不难发现大多数地区采取了"一制多档"的整合模式，即一个统一的制度框架，分档缴费的办法，可以分为高、中、低若干个不同的筹资档次，对应的是不同的保障水平，由参保者根据自己的需求和能力自主选择，这一方式更易被参保者接受，有利于制度的平稳过渡。而分档之下必然有档次的选择问题。在统筹居民医疗保险和新农合的大背景下，本章以浙江省的调研数据为基础，探究分档缴费模式下的逆向选择问题。

在分档缴费模式下，参保者的缴费档次标准并无显著差异，而档次的高低使得每个人在领取基本医疗保险的补贴额度上很可能存在差异。由于逆向选择的存在，健康水平较差的个体或慢性病患者可能会隐瞒自身的真实情况，在其他水平相似的情况下，这类群体会更加倾向分档缴费以及选择较高档次的缴费水平。

在我国的基本医疗保障体系中，职工医疗保险具有强制性，因此基本医疗保障体系中逆向选择的研究集中于居民医疗保险和新农合。逆向选择的存在不仅不利于目前已经建立起来的基本医疗保障体系广覆盖的成果，阻碍基本医疗保险从"三大支柱"到一体化的跨度衔接，同时会驱逐低风险的投保人，使其难以获得基本医疗保险服务，同时造成医疗保险账户基金缺口，带来透支和亏损的风险。

7.2 逆向选择的含义及影响

7.2.1 逆向选择的含义

在经济学中，"逆向选择"是指由交易双方信息不对称产生的劣质品驱逐优质品，进而出现市场交易产品平均质量下降的现象。比如在旧车市场中，买卖双方关于交易旧车的信息是不对称的，卖者了解旧车的真实质量，而买者只了解旧车市场的平均质量，只愿意支付相对应的价格。这种情况下，只有质量低于平均质量的旧车才会进入旧车市场。如此往复，只有低质量的旧车才能成交。这导致旧车市场供求失衡，交易效率低下。

7.2.2 基本医疗保险市场的逆向选择风险

在保险市场，逆向选择是指在不考虑个人风险差异的保险制度中，个人对保险的需求与个人可能面临的风险呈正向关系（Cutler and Reber，1996）。乔治·E. 瑞达（2010）指出，逆向选择是个人的一种倾向，即高于平均损失概率的人企图以标准（平均）费率投保，而如果不能在核保阶段对此进行控制，就会导致高于预期的损失水平。例如，逆向选择会导致高风险驾驶员以标准费率投保汽车保险，有严重健康问题的人以标准费率投保人寿或健康保险，经常遭到抢劫或盗窃的企业以标准费率投保犯罪保险。

在我国的基本医疗保障体系中，职工医疗保险的保障对象是城镇所有用人单位的职工，包括企业（国有企业、集体企业、外商投资企业、私营企业等）、机关、事业单位、社会团体、民办非企业单位及其职工。而城镇居民医疗保险和新农合皆为具有自愿参保性质的基本医疗保险，因此，具有参保资格的个体在选择是否投保时会考虑自身使用医疗服务的情况。假设城乡基本医疗保险市场上只有高风险和低风险两种参保人，如果市场是均衡的，且只有两种保单：全额保障和部分保障。那么高风险参保人就会购买全额保障保单（需要缴纳高额保费），而低风险参保人则会购买价格较低的部分保障保单。因此，不难发现当参保人的信息不对称时，风险等级和购买的保险保障之间存在着正向关系。与那些健康水平良好或仅使用有限次数医疗服务的低风险人群相比，健康水平较差的人更倾向于选择投保保障全面的保险，逆向选择便产生了。

在本章中，我们拟通过受访者分档缴费决策来考察逆向选择的存在。具体地，我们将探究健康水平与分档决策之间的关系。对健康水平的衡量包括两个方面：主观风险和客观风险。我们将自评健康作为参保人主观健康风险的判别因子。自评健康是卫生经济学实证研究中常用的指标。以自评健康很不健康为基础参照组，其他自评健康变量系数如果显著为负值，说明自评健康水平越差越倾向分档缴费。此外，是否有慢性病作为客观健康风险的判别因子，有慢性病和偏向分档缴费决策之间的正向关系也是检验逆向选择存在的指标之一。

7.2.3 逆向选择对基本医疗保险市场的影响

（1）对保险基金的影响。

由于基本医疗保险是由个人缴费、政府补贴和集体补助构成的。如果具有高于平均损失概率的申请人以标准费率成功获得保险保障，那么将导致更高的保险赔付，使得个人账户基金出现缺口，影响城乡医疗保险的统筹进程。

（2）对投保人的影响。

逆向选择导致低质量投保人驱逐高质量投保人。低风险的投保人由于不愿意或不能够承担与其风险水平不相符的保费而退出相应的基本医疗保险计划。一旦发生特定疾病或者医疗支出，在没有额外商业医疗保险的情况下，已退出的低风险投保人将自行承担所有医疗费用，这与基本医疗保险的初衷是相违背的。

（3）对政府的影响。

政府可以强化自身在基本医疗保险的实施过程中所扮演的角色。在商业健康保险中，逆向选择可以通过保险公司严格的核保程序进行控制。不满足核保标准的投保人会被拒保或支付额外的保险费。同样地，在基本医疗保险中，政府可以扮演类似于保险公司的角色，通过与各地定点医院合作了解参保人的健康状况，逐步统一信息数据库，提升对参保人的风险认识，做好事前的风险控制。

7.3 理论模型

7.3.1 异质性讨论

本章对逆向选择的考察主要基于两方面。首先，考察参保人健康水平和是否偏好分档缴费之间的相关性。考虑到逆向选择通常在单方具有私人信息优势的时候发生，而受访者的健康水平信息属于私人信息（任燕燕等，2014）。因此，受访者的健康水平与档次选择之间的正相关关系与逆向选择存在的假设是一致的。即进一步，本章需要检验是否高风险的参保人更倾向高档次缴费水平。

Cutler 和 Reber（1996）指出，保险市场中的逆向选择是指不考虑个人风险差异的保险制度中，个人对保险的需求与个人可能面临的风险呈正向关系。而事实是，参保人除了在健康水平上的差异性，在教育程度、收入水平、对保险的知晓程度和信任程度等方面均存在着差异。比如：一个自评健康较为良好的参保人，收入水平高，因此选择高档次的缴费标准。那么这种情形是由于经济状况导致的还是说不存在逆向选择呢？Gao 等（2009）在财富效用模型的基础上引入收入水平和出险后损失的异质性，证实了异质性带来的检验偏差。

为解决这一问题，一方面，我们的调研是以分档缴费意愿对受访者进行调查，受访者在参与假设类的调研时会更加客观地评价自身的健康水平。有效避免了投保人在投保时出于对保费和免赔额等因素的考虑，故意隐瞒疾病以优化健康状况的情况。另一方面，我们将"您认为医疗保险的分类是否应该分档"和"您认为自己每年能够承受的医疗保险保费"分别反映参保人的分档缴费意愿和档次选择偏好，共同描述分档缴费的需求程度。这样可以有效地规避道德风险带来的检验偏差。

从理论上来讲，城乡居民的参保偏好与其对保险的认知和信任程度也是息息相关的。这种认知主要来源于参保者对医疗保险政策的了解程度以及过往医疗保险报销的经验判断，并且城乡居民的档次选择偏好与参保者的人口学特征也有一定的关系。预期疾病发生的概率越大，疾病损失越高，参保者的支付意愿越高，通常表现为健康状况越差的参保者愿意选择更高档次的缴费水平；经济水平良好的参保者有更多的可支配收入，也更有能力选择高档次的缴费水平；受教育程度越高的参保者越愿意通过保险来转嫁风险，支付意愿也越高。

本章使用Logit参保模型分析参保意愿，估计影响参保人是否愿意分档缴费的各种影响因素。运用有序变量的回归模型，通过检验健康水平越差的个体是否越倾向选择高档次的缴费模式来检验逆向选择的存在性。

7.3.2 Logit 模型

Logit回归模型是一种概率模型，是常用的估计虚拟因变量模型的方法，能够有效避免线性概率模型在处理因变量时产生的主要问题，通常采用极大似然估计（任燕燕等，2014）。本章建立的模型如下

$$y_i = \alpha \cdot \text{health}_i + \beta \cdot x_i + \varepsilon_i \tag{7.1}$$

其中，i 指代个人，health_i 衡量了每个受访者的健康水平，包括是否有慢性病及自评健康两方面。x 包含了受访者除健康水平的其他特征变量，包括性别、年龄、教育程度、婚姻状况、家庭人均收入、是否购买商业医疗保险、近一月门诊和近一年住院情况等相关信息。ε_i 为个人层面的误差项。α 和 β 为待估计的系数。

在分析受访者对城乡医疗保险分档缴费的意愿时，$y=1$ 表示支持，$y=0$ 表示反对或无所谓。这时候等式就出现了矛盾，等式左边的取值是0或者1，而理论

第7章 统筹城乡医疗保险分档缴费模式下逆向选择风险研究

上等式右边可以取值任意实数。因此，我们需要将 0-1 型变量转化成连续型的因变量。假设每个受访者都有一个度量其选择是否分档的偏好指标，当这个偏好指标大于某个特定的倾向分值阈值时，受访者就会选择分档缴费的方式。于是，我们假设存在这样一个连续性的偏好指标，受访者选择是否分档完全由该指标决定。此时，我们便可以通过普通线性模型考察这一偏好指标与受访者健康水平和其他状态指标的关系，即

$$Z = \alpha \cdot \text{health}_i + \beta \cdot x_i + \varepsilon_i \quad (7.2)$$

上述表达式中，Z 代表了这一偏好指标。根据这个模型以及给定的健康水平，我们可以判断受访者选择分档缴费的可能性为

$$P(\text{preference} = 1) = P(Z > l) = P(\alpha \cdot \text{health} + \beta \cdot x + \varepsilon > l)$$
$$= P(-\varepsilon < \alpha \cdot \text{health} + \beta \cdot x - l) = F_{-\varepsilon}(\alpha \cdot \text{health}_i + \beta \cdot x - l)$$

上述表达式中，$F_{-\varepsilon}(t) = P(-\varepsilon < l)$ 即为 $-\varepsilon$ 的分布函数，l 为偏好指标的阈值。假设我们知道 ε 的分布函数，那么不难得到 $P(\text{preference} = 1) = F_{-\varepsilon}(\alpha \cdot \text{health}_i + \beta \cdot x - l)$。由于所有的统计模型都是对数据产生机制的一种近似而并非准确的刻画，因此对函数形式作任何假设都不可能反映真实的情形，因而都是错的。而任何有关函数形式的假设都有可能为我们的实践提供指导，因此大体上也都是正确的。基于这个角度，王汉生（2008）指出我们应该挑选方便的假设。普通线性回归中，标准正态分布是我们使用的假设。自然地，假设 ε 服从标准正态分布，上述等式相应地变为

$$P(\text{preference} = 1) = \Phi(\alpha \cdot \text{health}_i + \beta \cdot x - l) \quad (7.3)$$

其中，$\Phi(t)$ 代表了标准正态随机变量的分布函数。该模型即为 Logit 模型。$F_{-\varepsilon}(t)$ 的具体函数形式表达为

$$F_{-\varepsilon}(t) = \frac{\exp(t)}{1 + \exp(t)} \quad (7.4)$$

所以，本章中的模型形式为 $P(\text{preference} = 1) = \dfrac{\exp(\alpha \cdot \text{health}_i + \beta \cdot x - l)}{1 + \exp(\alpha \cdot \text{health}_i + \beta \cdot x - l)}$，对应的 Logit 变换为

$$\text{Logit}(P(\text{preference} = 1)) = \log\left(\frac{\text{preference} = 1}{1 + P(\text{preference} = 1)}\right) = \alpha \cdot \text{health}_i + \beta \cdot x - l \quad (7.5)$$

7.3.3 定序回归模型

在探究受访者对分档层次选择的时候，y=1~6分别代表年缴费额设为100元以下、100~150元、150~200元、200~300元、300~500元、500元以上六个档次。

受访者在选择缴费档次的时候，会结合自身的可支配收入等各种因素的考虑形成自己档次判断，假设档次为Z。由于受访者心里形成的缴费额是任意的，所以当这个缴费额落在上述某个特定区间内时，那么受访者就会作出选择，也就是

$$\text{Class} = \begin{cases} 1, & Z < 100 \\ 2, & 100 \leq Z < 150 \\ 3, & 150 \leq Z < 200 \\ 4, & 200 \leq Z < 300 \\ 5, & 300 \leq Z < 500 \\ 6, & 500 \leq Z \end{cases}$$

此处可以理解 Z 为枢纽的角色，15个解释变量是通过影响可承受缴费额 Z 来影响档次选择的。不难看出 Z 是一个连续型变量，所以我们可以再次使用普通线性模型来刻画 Z 和解释变量（如年龄age）的关系：

$$Z = \beta_0 + \beta_3 \cdot \text{age} + \varepsilon \tag{7.6}$$

虽然我们并不能知道 Z 的具体取值，但是我们依据这个模型和年龄，可以判断受访者档次选择不超过 k 的可能性为

$$\begin{aligned} P(\text{class} \leq k) &= P(z \leq c_k) = P(\beta_0 + \beta_3 \cdot \text{age} + \varepsilon \leq c_k) \\ &= P(\varepsilon \leq (c_k - \beta_0) - \beta_3 \cdot \text{age}) = F_\varepsilon((c_k - \beta_0) - \beta_3 \cdot \text{age}) \\ &= F_\varepsilon(\alpha_k - \beta_3 \cdot \text{age}) \end{aligned}$$

其中，$\alpha_k = c_k - \beta_0$，c_k 是第 k 个等级的阈值，即当可承受数额落在两个相邻阈值 c_{k-1} 和 c_k 之间时，受访者就会选择档次 k。过渡变量 Z 已经不存在，只需要合理假设 ε 的分布就可以获得定序变量的回归模型。假设 F_ε 是逻辑分布函数，那么模型变为

$$P(\text{class} \leq k) = \frac{\exp(\alpha_k - \beta_3 \cdot \text{age})}{1 + \exp(\alpha_k - \beta_3 \cdot \text{age})} \tag{7.7}$$

也可以表示成

$$\text{Logit}(P(\text{class} \leqslant k)) = \alpha_k - \beta_3 \cdot \text{age} \tag{7.8}$$

7.3.4 模型变量选择判定标准

考虑到本章的模型中有 15 个解释变量，数量比较庞杂。当出现多数变量不显著时，我们拟采用 AIC 的判定准则来获得精简的模型。该模型是日本统计学家赤池（Akaike）根据极大似然估计原理提出的一种常用的选择标准。具体计算方式如下

$$\text{AIC} = n\left\{\log\left(\frac{\text{RSS}}{n}\right) + 1 + \log(2\pi)\right\} + 2 \times (p+1) \tag{7.9}$$

其中，RSS 是拟合残差平方和，n 为样本数量，p 是选入模型的变量个数。当入选模型的变量增加时，RSS 是减小的，因此大括号部分是减小的。而第二项随着选入的解释变量数目的增加而增大。当由变量增加带来的方差减少的作用大于变量数目增加带来的效应时，AIC 统计量的值就逐渐减少了。之后，当变量数目达到一定量，解释变量数目增加带来的效应大于方差减小的幅度时，AIC 又会逐渐增加。因此，存在一个解释变量的数目使得 AIC 达到最小，此时这个模型也就是我们所说的最优模型。

7.4 调研数据的使用与描述

7.4.1 数据来源与问卷概述

本章数据来源于"统筹城乡居民基本医疗保险"项目组于 2015 年在浙江省开展的问卷调查（同第 6 章数据）。考虑到地理位置及城乡经济发展水平差异，选取宁波市、台州市和温州市作为实地调研目的地。此次调研总计发放问卷 870份，剔除主要变量存在缺失以及漏答错答的样本，最终用于实证分析的有效样本量为 759 份，问卷有效率约为 87.2%。

7.4.2 变量定义

1. 因变量的选取

本章的解释变量有两个：一个解释变量是"城乡医疗保险的分类是否应该

分档",这是一个二元选择变量,"是"赋值为1,否则取0。另一个解释变量为"每年能够承受的基本医疗保险保费"。问卷将年缴费额设为100元以下、100～150元、150～200元、200～300元、300～500元、500元以上六个档次,分别以1～6这6个整数代表不同的缴费级别。本章用Logit模型分析影响是否分档的因素,探究受访者偏好分档缴费的决策是否与某些引起逆向选择的因素显著相关;用有序变量的回归模型检验健康状况越差的个体是否越倾向选择高档次的缴费模式。

2. 自变量的选取

本章将被解释变量分成三个大类。

第一类为健康风险指标,我们分别将自评健康和是否有慢性疾病作为主客观健康风险的判别因子。将自评健康作为衡量个体的健康水平在国内外的研究中具有普适性,这一指标能够较好地体现个体身体和精神健康的实际状况,同时反映个体潜在的身体不健康的状况(王存同和臧鹏运,2016)。另考虑到这种测量方式可能具有缺乏客观性的弊端,本章同时将是否有慢性病纳入解释变量的范围,作为健康风险的客观因子,与自评健康共同描述受访者的健康水平。自评健康评分采用连续变量形式,即针对答案"很不健康""不健康""一般""比较健康""非常健康"分别赋予1～5分。是否有慢性病采用二元虚拟变量的形式,即将1赋值给"有慢性病",将0赋值给"无慢性病"。

第二类是反映人口学特征的解释变量。由于城乡医疗保险属于自愿参保,某种角度上可以将其看成特殊形式的商业医疗保险,袁正等(2014)在探究商业医疗保险的购买决策时,考虑了收入、年龄、教育、婚姻、性别等人口学特征因素。同时参照以往文献(朱信凯和彭廷军,2009;周磊等,2016)关于新农合和新农保"逆向选择"存在性的探究,本章纳入性别、年龄、婚姻状况、教育程度、家庭人均收入变量。此外,由于户籍是统筹城乡医疗保险前区分城居保和新农合两种基本医疗保险覆盖范围的标准之一,统筹后则会取消这一户籍限制,同时考虑到城乡二元结构比较明显,因此将问卷中的城乡因子而不是户籍因子纳入模型中。

城乡(农村居民=0):本章的研究背景是统筹城乡医疗保险,将这一因素考虑进来能够帮助反映城乡群体对分档缴费认可程度的差异。城乡因素反映的是城镇和农村之间经济水平和文化水平差异,通常而言,农村经济发展缓于城镇，农村居民的可支配收入相对较低，受到的地域限制也更多，对于保险的了解机会相对更少，因此对分档缴费的认可度可能没有城市居民高。

性别（女性=0）：研究文献表明，女性较男性而言普遍具有更高的预期寿命，但女性无论是在慢性病还是急性病发病率均高于男性。因此我们认为性别是影响分档缴费以及档次选择的因素之一。

年龄（18岁以下=1）：随着个体年龄的增长，伴随而来的是身体机能的弱化衰退，更加容易受到疾病的侵害，个人的健康的意识和紧迫性也越来越强。因而我们认为随着年龄的增长，个体会更加偏好高档次的缴费水平。

婚姻状况（未婚=0）：享有良好婚姻关系的人群会拥有更加健康的生活状态，受到生理和心理创伤的可能性也越小。而离婚等非婚姻状态会增加心理疾病的发生概率。我们将婚姻状态分为两类，即已婚赋值为1，未婚赋值为0。

教育程度（小学及以下=1）：从一定程度上反映了个体的文化水平，并且教育程度较高的人往往注重对风险的防范，防范风险的意识更强，对改善健康也有着更高的支付意愿。

家庭人均收入（低于0.3万元=1）：体现的是一个家庭的经济水平。通常经济水平越低，可以用于购买保险的数额也越低，因而我们认为这一因素会影响档次的选择。

第三类是反映医疗保险状况和就医情况的相关变量，这些变量从一定程度上反映了受访者对医疗服务的需求。赵忠（2005）指出卫生服务是人们取得健康这一产出的投入。这种投入从一定程度上引致人们对档次的需求。具体考虑的自变量如下。

常去医疗机构的单程时间（5~10分钟=1）：这一指标反映了居民对医疗服务的可及性。通常而言，我们在考虑医疗成本时仅仅考虑费用上的支出。而事实是就医过程中产生的时间成本也是不容忽视的。如果受访者前往医疗机构需要耗费大量时间，就会降低其就医体验的效用，因而推断受访者为了弥补自身在时间上的额外支出，会更加倾向通过缴费档次的选择来分散自身的时间成本风险，即在经济水平条件允许的情况下选择高档次的缴费水平。

是否购买商业医疗保险（否=0）：健康水平高的个体可能也是风险厌恶程度高的人。本章中，我们可以将主动购买商业医疗保险的群体视作风险厌恶者，他们把无法被基本医疗保险覆盖的风险敞口转移给了保险公司。可以推断这一群体对保险也有着更为深刻的理解和认识。

近一月是否生病（没有=0）：反映了个体近期的身体状况，可以作为健康水平的客观补充，与自评健康和是否患有慢性病共同描述受访者的健康状态。

近一月门诊次数（0～1次=1）：由于生病不一定会产生就医行为，所以门诊次数能够更加直接地体现出受访者对医疗服务的利用。

近一月门诊自付比例：这一比例反映了受访者自身承担门诊费用的比例。可以想象，如果门诊的自付比例比较低，说明大部分的门诊费用都已经被覆盖，即个体享受到比较良好的医疗报销服务，可用于购买保险的预计支出就会相应增加。

近一年住院次数（0～1次=1）：与近一月的门诊次数类似，近一年的住院次数体现了就医的刚性。一般认为，需要住院治疗的个体病情相对是比较严重的，这一指标更能反映其对医疗服务的需求。

近一年住院自付比例：由于住院的费用通常而言较门诊的费用更高，将近一年住院自付比例考虑进来更能说明受访者的医疗服务利用效率。

表7-1给出了主要变量的字母表示以及具体的分组说明。

表 7-1　变量的符号表示和说明

变量	变量字母表示	说明
城乡	area	0=农村，1=城镇
性别	gender	0=女性，1=男性
年龄	age	1=小于18岁，2=18～30岁，3=31～40岁，4=41～50岁，5=51～60岁，6=60岁以上
婚姻状况	marriage	0=未婚，1=已婚
教育程度	edu	1=小学及以下，2=初中，3=中专，4=高中，5=大专，6=大学
是否患有慢性病	chro_dis	0=否，1=是

续表

变量	变量字母表示	说明
自评健康	health	1=很不健康, 2=不健康, 3=一般, 4=比较健康, 5=非常健康
家庭人均收入	income	1=低于0.3万元, 2=0.3万~1万元, 3=1万~5万元, 4=5万~10万元, 5=10万~20万元 6=20万元以上
常去医疗机构的单程时间	time	1=5~10分钟, 2=10~30分钟, 3=0.5~1小时, 4=1~2小时, 5=2小时以上
是否购买商业医疗保险	ins	0=否,1=是
近一月是否生病	illness	0=否,1=是
近一月门诊次数	op_times	1=0~1次, 2=2次, 3=3次, 4=4次, 5=5次及以上
近一月门诊自付比例	op_ratio	近一月门诊自付费用/ 近一月门诊总费用
近一年住院次数	ip_times	1=0~1次, 2=2~3次, 3=4次及以上
近一年住院自付比例	ip_ratio	近一年住院自付费用/ 近一年住院总费用
分档缴费意愿	preference	0=无所谓/否,1=是
档次选择偏好	class	1=100元以下, 2=100~150元, 3=150~200元, 4=200~300元, 5=300~500元, 6=500元以上

就变量的所属性质而言,上述自变量中连续自变量包括近一月门诊自付比例、近一年住院自付比例。排序自变量包括年龄、教育程度、自评健康、家庭

人均收入、常去医疗机构的单程时间、近一月门诊次数和近一年住院次数。其余的为0-1变量，包括城乡、性别、婚姻状况、是否有慢性病、是否购买商业医疗保险以及近一月是否生病。

7.4.3 调研数据的描述性分析

在描述性统计分析部分，根据分档缴费的意愿，将总体759个样本分为有分档缴费意愿（384个）和无分档缴费意愿（375个）两部分。表7-2给出了上述分组状态下相关变量的描述性统计，包含受访者的基本信息、健康及医疗使用情况以及分档意愿在不同人群下的均值和标准差。其中，受访者的基本信息包括：城乡分布、性别、年龄、婚姻状况、教育程度、家庭人均收入。健康及医疗使用情况主要包含受访者是否患有慢性病、自评健康、是否购买商业医疗保险、近一月门诊和近一年住院情况等相关信息。分档意愿部分显示了受访者对分档缴费的态度及档次选择的偏好。

表7-2 样本的描述性统计

变量	无分档缴费意愿人群（n=375）均值	标准差	有分档缴费意愿人群（n=384）均值	标准差	全体人群（n=759）均值	标准差
城乡（1=城镇）	0.176	0.381	0.221	0.416	0.199	0.399
性别（1=男性）	0.472	0.500	0.458	0.499	0.465	0.499
年龄	48.517	16.580	48.862	16.429	48.692	16.494
婚姻状况（1=已婚）	0.949	0.220	0.948	0.222	0.949	0.221
教育程度	2.637	1.441	2.797	1.545	2.718	1.496
是否患有慢性病	0.104	0.306	0.109	0.313	0.107	0.309
自评健康	3.901	0.833	3.932	0.874	3.917	0.853
很不健康（1）	0.005	—	0.013	—	0.009	—
不健康（2）	0.029	—	0.039	—	0.034	—
一般（3）	0.280	—	0.221	—	0.250	—
比较健康（4）	0.429	—	0.456	—	0.443	—
非常健康（5）	0.256	—	0.271	—	0.264	—
人均家庭收入	2.559	3.067	3.128	3.255	2.847	3.174
常去医疗机构的单程时间（分钟）	1.963	1.015	1.990	0.939	1.976	0.977
是否购买商业医疗保险	0.061	0.240	0.099	0.299	0.080	0.272

续表

变量	无分档缴费意愿人群（n=375）		有分档缴费意愿人群（n=384）		全体人群（n=759）	
	均值	标准差	均值	标准差	均值	标准差
近一月是否生病	0.229	0.421	0.279	0.449	0.254	0.436
近一月门诊次数	0.224	0.619	0.336	1.069	0.281	0.877
近一月门诊总费用	80.930	390.255	216.059	1550.666	149.476	1139.165
近一月门诊自付费用	33.416	164.820	151.299	1255.939	93.135	902.736
门诊费用自付比例	0.071	0.217	0.112	0.277	0.092	0.250
近一年住院次数	0.051	0.231	0.083	0.394	0.067	0.324
近一年住院总费用	658.933	4527.435	2151.755	18387.227	1414.195	13472.215
近一年住院自付费用	254.400	2129.137	889.399	8393.795	575.251	6155.830
住院费用自付比例	0.016	0.094	0.025	0.117	0.021	0.106
分档缴费意愿	0.000	0.000	1.000	0.000	0.506	0.500
档次选择偏好	—	—	3.344	1.513	3.344	1.513

首先，就是否患有慢性病而言，有分档意愿群体的均值相较无分档意愿群体的均值高了0.5%；而从自评健康的角度看，有分档意愿的群体倾向拥有更良好的自评健康水平（3.932：3.901）。直观而言，无分档缴费意愿群体均值仅在自评健康为"一般"的情况下超过了分档意愿的群体。因此，从描述性统计角度看，慢性病患者更倾向分档缴费，相反的是，自评健康越良好的个体越倾向分档缴费。在所有受访者中，城镇居民占比19.9%，且城镇居民相较农村居民对分档缴费具有更高的接受度。其次，分档缴费在高学历者以及女性中更受青睐。全体受访者中，仅有8.0%购买了商业医疗保险，其中分档缴费意愿人群中该比例达到了9.9%。如前所述，购买商业医疗保险的群体多数是风险厌恶者和风险中性者。无论是对保险的认知，还是对医疗保障公平性的诉求，这部分群体更加偏好分档缴费也是不难理解的。另外，我们发现有分档缴费意愿的群体拥有更良好的经济收入水平（3.128万元：2.559万元）。同时，这部分群体在就医路途上耗费的时间也相对较多。而从两个子样本在"近一月门诊情况"来看，全体样本的门诊次数和门诊自付费用均值分别为0.281和93.135，其中有分档意愿人群的门诊次数和自付费用均值依次为0.336和151.299，分别是无分档意愿的群体下门诊次数均值（0.224）的1.5倍，自付均值（33.416）的4.5倍。从门诊的自付比例来看，有分档缴费意愿的群体的自付比例平均比无分档缴费意愿的群体高出4.1%（11.2%：7.1%）。可能的原因是自付比例较高的群体希望通过分档缴费的模式来缓解自身的自付负担。同时比较两个子样本在"近一年住院情况"的均值发现，样本的住院自付费用均值为575.251元，有分档缴费意

愿的群体在该项的均值为889.399元，相较于没有分档缴费意愿的群体在该项的均值254.400元，两者差距达到600多元。

另一方面，是否倾向分档缴费在年龄、婚姻状况这几个变量上的均值相差并不明显。

综上，自评健康和是否有慢性病两个指标反映的结果是相悖的，但就诊花费是一个人健康状况的直接体现。"近一周门诊情况"和"近一年住院情况"所体现出来的医疗费用支出差异从一定程度上可以反映出偏向分档缴费的群体具有更高的医疗费用支出。同时，这部分群体在就医路途上花费的时间成本也越高。当然，以上差异可能来源于逆向选择，也可能由社会经济状态导致（比如更高的教育程度以及具有更高的家庭人均收入等）。我们在下一章将进一步考察不同的因素对分档缴费档次选择的影响，从而判断逆向选择是否存在。

7.5 实证结果与分析

根据理论部分的分析，本章对统筹城乡医疗保险中逆向选择的检验主要从两个角度进行考察。首先通过Logit回归考察受访者健康水平和是否偏好分档缴费之间的相关性。其次考察参保人风险水平和档次选择的相关性，即检验是否高风险的参保人更倾向高档次缴费水平，对风险的衡量包括两个方面：主观风险和客观风险。我们将自评健康作为参保人主观健康风险的判别因子，是否有慢性病史作为客观健康风险的判别因子，其余可观测的参保人特征（比如教育程度、经济水平、医疗成本等）作为其他客观风险的判别因子。

"您认为医疗保险的分类是否应该分档"和"您认为自己每年能够承受的医疗保险保费"分别反映参保人的分档缴费意愿和档次选择偏好，共同描述分档缴费的需求程度。建立Logit模型分析参保意愿，估计影响参保人是否愿意分档缴费的各种影响因素。运用定序回归模型，通过检验自评健康越差的个体是否越倾向选择高档次的缴费模式来检验逆向选择的存在。

由于本章模型中解释变量个数较为庞杂，因此讨论的变量之间可能存在一定的多重共线性，即信息可能存在重叠部分。因此在建立模型前，我们获得解释变量的相关系数矩阵以剔除具有多重共线性的变量。矩阵如表7-3所示。

由表7-3可知，近一个月门诊次数和门诊自付比例（0.63）、城乡和家庭人均收入（0.42）以及教育程度和家庭人均收入（0.38）之间的相关性相对较大。通常认为两个变量间的相关系数绝对值小于0.7时，变量之间不存在多重共线性。因此，可以证实本章中选取的解释变量并不存在明显的多重共线性。

表 7-3 解释变量的相关系数矩阵

变量	area	gender	age	marriage	edu	chro_dis	health	income	time	ins	illness	op_times	op_ratio	ip_times	ip_ratio
area	1.00	-0.04	0.11	0.00	0.29	0.09	0.00	0.42	-0.09	0.09	0.23	0.12	0.13	0.06	0.03
gender	-0.04	1.00	0.09	-0.01	-0.02	0.06	0.06	-0.06	-0.04	-0.01	-0.07	-0.01	-0.10	0.03	-0.07
age	0.11	0.09	1.00	0.21	-0.26	0.28	-0.02	0.06	0.00	-0.12	0.02	-0.02	0.00	0.00	0.04
marriage	0.00	-0.01	0.21	1.00	-0.08	-0.03	0.05	0.04	0.02	-0.04	0.00	-0.08	-0.01	-0.04	0.02
edu	0.29	-0.02	-0.26	-0.08	1.00	-0.12	0.09	0.38	-0.11	0.20	0.04	0.03	0.02	0.01	0.01
chro_dis	0.09	0.06	0.28	-0.03	-0.12	1.00	-0.27	-0.02	0.07	-0.04	0.20	0.17	0.18	0.08	0.11
health	0.00	0.06	-0.02	0.05	0.09	-0.27	1.00	0.08	-0.12	0.05	-0.25	-0.16	-0.17	-0.05	-0.13
income	0.42	-0.06	0.06	0.04	0.38	-0.02	0.08	1.00	-0.04	0.16	0.14	0.05	0.10	0.05	0.03
time	-0.09	-0.04	0.00	0.02	-0.11	0.07	-0.12	-0.04	1.00	0.05	0.13	0.03	0.13	0.03	0.08
ins	0.09	-0.01	-0.12	-0.04	0.20	-0.04	0.05	0.16	0.05	1.00	0.05	0.02	0.05	0.09	-0.02
illness	0.23	-0.07	0.02	0.00	0.04	0.20	-0.25	0.14	0.13	0.05	1.00	0.33	0.63	0.07	0.10
op_times	0.12	-0.01	-0.02	-0.08	0.03	0.17	-0.16	0.05	0.03	0.02	0.33	1.00	0.25	0.26	0.14
op_ratio	0.13	-0.10	0.00	-0.01	0.02	0.18	-0.17	0.10	0.13	0.05	0.63	0.25	1.00	0.09	0.14
ip_times	0.06	0.03	0.00	-0.04	0.01	0.08	-0.05	0.05	0.03	0.09	0.07	0.26	0.09	1.00	0.21
ip_ratio	0.03	-0.07	0.04	0.02	0.01	0.11	-0.13	0.03	0.08	-0.02	0.10	0.14	0.14	0.21	1.00

注：上述缩写分别代表城乡、性别、年龄、婚姻状况、教育程度、是否患有慢性病、自评健康、家庭人均收入、常去医疗机构的单程时间、是否购买商业医疗保险、近一月是否生病、近一月门诊次数、近一月门诊自付比例、近一年住院次数、近一年住院自付比例。

7.5.1 是否选择分档结果

本部分探究的是受访者的健康水平对是否分档缴费的影响,对理论模型作似然比检验,方差分析的结果如表 7-4。似然比检验的统计量即为两个模型的差值 75.193。根据原假设,它服从卡方分布,自由度是 37,计算得到整体显著性水平接近于 0。

因此,该模型是显著的,可以初步认为我们所考虑的解释变量中的确有与选择是否分档显著相关的因子。

表 7-4 Logit 回归似然比检验结果

模型	残差平方和	自由度	残差平方和差值	Pr(>Chi)
空模型	1052.09			
全模型	976.9	37	75.193	0.0002078

通过方差分析,我们发现是否患有慢性病、常去医疗机构的单程时间以及是否购买商业医疗保险是影响选择是否分档的显著因子。具体参数估计的结果如表 7-5 所示。考虑到 Logit 模型并非线性模型,因此系数的估计值并没有明确的含义,不能够直接表示各个解释变量对分档缴费意愿的边际效应。通过计算,我们获得样本在均值处解释变量的边际效应,如表 7-5 的最后一列所示。

表 7-5 是否偏好分档缴费的影响因素(Logit 模型)

解释变量	系数估计	标准差	概率	边际效应
截距项	−1.3367	1.5423	0.3861	−0.2919
城乡	0.1044	0.2382	0.6613	0.0261
性别	−0.0618	0.1594	0.6985	−0.0154
年龄:18~30 岁	0.6237	1.2759	0.6249	0.1511
年龄:31~40 岁	0.8696	1.2512	0.4870	0.2047
年龄:41~50 岁	0.9180	1.2525	0.4636	0.2146
年龄:51~60 岁	0.7434	1.2755	0.5600	0.1777
年龄:60 岁以上	0.7239	1.2566	0.5646	0.1735
婚姻状况	0.0119	0.3991	0.9762	0.0030
教育程度:初中	0.3099	0.2195	0.1579	0.0769
教育程度:中专	−0.1588	0.4336	0.7142	−0.0396
教育程度:高中	−0.1138	0.2646	0.6672	−0.0284
教育程度:大专	0.1769	0.3339	0.5963	0.0441
教育程度:大学	0.6966	0.4464	0.1186	0.1674

续表

解释变量	系数估计	标准差	概率	边际效应
是否患有慢性病	0.8926	0.2650	0.0008 ***	0.2094
自评健康：不健康	−0.0749	1.0035	0.9405	−0.0187
自评健康：一般	−0.4334	0.9417	0.6453	−0.1067
自评健康：比较健康	−0.0686	0.9457	0.9421	−0.0172
自评健康：非常健康	0.0524	0.9496	0.9560	0.0131
家庭人均收入：0.3万~1万元	−0.0547	0.3478	0.8751	−0.0137
家庭人均收入：1万~5万元	0.2306	0.3175	0.4676	0.0574
家庭人均收入：5万~10万元	0.0768	0.3912	0.8443	0.0192
家庭人均收入：10万~20万元	0.4570	0.5186	0.3782	0.1123
家庭人均收入：20万元以上	−0.0461	1.1678	0.9685	−0.0115
常去医疗机构的单程时间：10~30分钟	0.1087	0.1786	0.5427	0.0272
常去医疗机构的单程时间：0.5~1小时	0.4609	0.2342	0.0490 *	0.1132
常去医疗机构的单程时间：1~2小时	−0.8387	0.3961	0.0342 *	−0.1982
常去医疗机构的单程时间：2小时以上	−0.2251	0.5185	0.6641	−0.0560
是否购买商业医疗保险	1.1993	0.2738	0.0000 ***	0.2684
近一月是否生病	−0.0284	0.2500	0.9095	−0.0071
近一月门诊次数：2次	−0.5942	0.4337	0.1706	−0.1443
近一月门诊次数：3次	1.4936	1.2336	0.2260	0.3166
近一月门诊次数：4次	15.4290	882.7435	0.9861	0.5000
近一月门诊次数：5次及以上	14.3538	617.2841	0.9814	0.5000
近一月门诊自付比例	0.5142	0.4256	0.2270	0.1258
近一年住院次数：2~3次	−0.2421	1.4095	0.8636	−0.0602
近一年住院次数：4次及以上	13.2923	882.7435	0.9880	0.5000
近一月住院自付比例	0.5300	0.7749	0.4940	0.5000

注：*，***分别表示在10%，1%的置信水平上显著。

具体解释为，在其他解释变量取均值的情况下，城乡从0变为1，即城镇居民较农村居民支持分档缴费的概率高了2.61%。

受过初中教育的受访者较未受过任何教育或者受过小学教育的受访者，偏好分档缴费的概率提高了7.69%。

当近一月门诊自付比例增加1%，对应的分档缴费支持度增加了12.58%。

通过表7-5的回归结果，我们可以得出下述结论。首先，是否患有慢性病这一解释变量在1%的置信水平下显著（$P=0.0008$）。慢性病作为受访者健康水平的衡量因子，更能客观地反映其健康风险，并且该解释变量的边际效应为正

（0.2094），说明有慢性病的受访者更倾向分档缴费。下一步我们会通过进一步考察慢性病患者是否更加偏好高档次的缴费水平来验证逆向选择的存在性。其次，是否购买商业医疗保险对分档缴费有显著的影响（$P=0.0000$，在1%的置信水平上稳健）。通常而言，主动购买商业医疗保险的群体风险管理的意识较强，在风险态度上更加地厌恶风险，并且对保险的了解程度和理解程度也普遍较高。因此，考虑到分档缴费有助于促进社会公平，而这一群体对基本医疗保险公平性的诉求又是比较强烈的，根据边际效应我们发现购买商业医疗保险的群体较未购买商业医疗保险的群体分档的偏好会增加26.84%。另一个显著的变量是常去医疗机构的单程时间，单程时间在（0.5，2）区间内是显著的，具体而言，单程时间花费在0.5~1小时的群体比基准组5~10分钟的群体偏好分档缴费的概率高出11.32%，而单程时间耗费在1~2小时的群体比基准组5~10分钟的群体偏好分档缴费的概率低了19.82%。

此外，我们发现在探究医疗服务利用时考虑的人口社会特征变量（诸如性别、年龄、婚姻状况等）对于选择是否分档并不显著，即以上变量并不会显著影响受访者是否偏好分档缴费的决策。尽管如此，我们还是可以从模型的边际效应系数探究受访者的基本情况对于是否偏好分档缴费的影响。相对而言，城镇居民较农村居民更加偏好分档缴费，但二者之间的差异非常微小（2.61%）。女性和已婚人士对分档缴费表现出更高的热情。就教育程度而言，大专和大学学历的群体相较未受过教育或小学学历的群体支持分档缴费的概率分别高出4.41%和16.74%，这与我们的猜测也是相符的：通常来说，教育程度越高，风险防范意识越强。不同年龄段的群体对分档缴费并没有展现出显著的态度差异。值得注意的是，只有自评健康为非常健康的群体才更加倾向分档缴费，这和是否患慢性病因子体现的结果并不相似。自评健康是相关文献中最常使用的健康变量，综合考虑了客观健康与主观心理健康，是对个体身体健康状况的基本描述（潘杰等，2013）。上述结果可能的原因是受访者基于自身是否患有慢性病的考量，同时结合自身的风险态度得到自评健康的结果。比如风险厌恶的受访者可能会因为自己患有慢性病而自评为"很不健康"，而有些慢性病患者的精神状态较生理健康良好的人反而更加积极，因此自评为"比较健康"。因此，自评健康是一个比较主观的健康水平指标，相较之下慢性病作为一种客观存在，从某种程度上更能反映个体的健康水平。就家庭人均收入而言，我们发现分组的两个极端，即收入在0.3万~1万元及大于20万元的受访者和基准组相比，对分档缴费表现出的热情更低。可能的原因是，收入较低的群体可支配收入也较低，因此在档次选择上受经济水平的约束较大，因而对分档缴费并没有表现出很高的支持度。而年收入超过20万元的群体更加偏好全面的医疗保障，因此对商业医疗保险的需求更高，基本医疗保险是否分档并不能带来效用的显著提升。在医疗服务利用方面，近一月门诊次数超过2次以及近一年住院次数超过3次的受访者都表现出更高的分档缴费意愿。近一月是否生病对应的边际效应为-0.0071，即近一月有生病经历的受访者不倾向分档选择，与近一月门诊次数和近一年住院次数的方向不同，可能的原因是有门诊需求和住院需求通常是病情比较严重的，而有生病经历的群体很有可能因为病情较轻以及就医烦琐而选择自主痊愈。另外，门诊和住院自付比例越高的受访者对分档缴费也表现出更高的支持度，可能的解释是他们希望通过分档缴费适当减轻自身的自付压力。

根据以上分析，我们选取的解释变量只有很小部分对受访者是否选择分档有显著的解释力。考虑解释变量过于庞杂，并且多数是不显著的。因此下文通过AIC模型以尽量得到一个简单又具有良好解释力的模型。

由表7-6可以看到，通过逐步回归之后，AIC认为一共有四个因素与分档缴费意愿有关。分别是是否患有慢性病、常去医疗机构的单程时间、是否购买商业医疗保险以及近一月门诊自付比例。考虑到是否患有慢性病以及是否购买商业医疗保险的显著性与边际效应和全模型比较接近，此处不再赘述。就常去医疗机构的单程时间而言，在10%的显著性水平下，该解释变量在（0.5，2）区间内是显著的，具体而言，单程时间花费在0.5~1小时的群体比基准组5~10分钟的群体偏好分档缴费的概率高出9.43%，而单程时间花费在1~2小时的群体比基准组5~10分钟的群体偏好分档缴费的概率低16.01%。总体而言，花费低于1小时的群体更加偏好分档缴费，可能的原因是医疗服务的可及性是受访者做出参保决策时考虑的重要因素，因此在路上耗费过多时间的受访者对分档缴费并没有展现出很高的热情度。近一月门诊自付比例反映了受访者目前参加的基本医疗保险以及商业医疗保险的报销情况，从一定程度上折射出医疗服务效率。基于数据结果，近一月门诊自付比例增加一个百分点，相应的分档缴费意愿提升11.11%。如果自付比例比较高，那么报销比例就比较低，受访者主观上对保障会有更高的需求，分档缴费的诉求相对就会更高。

表 7-6　AIC 结果（Logit 模型）

解释变量	系数估计	标准差	z 值	概率	边际效应
截距项	−0.3169	0.1282	−2.4720	0.0134**	−0.0786
是否患有慢性病	0.7309	0.2274	3.2140	0.0013**	0.1750
常去医疗机构的单程时间：10～30分钟	0.1079	0.1719	0.6280	0.5302	0.0269
常去医疗机构的单程时间：0.5～1小时	0.3817	0.2254	1.6940	0.0903*	0.0943
常去医疗机构的单程时间：1～2小时	−0.6636	0.3732	−1.7780	0.0754*	−0.1601
常去医疗机构的单程时间：2小时以上	−0.2225	0.4924	−0.4520	0.6513	−0.0554
是否购买商业医疗保险	1.2097	0.2579	4.6910	0.0000***	0.2702
近一月门诊自付比例	0.4521	0.3181	1.4210	0.1553	0.1111

注：*，**，***分别表示在10%，5%，1%的置信水平上显著。

7.5.2　档次选择结果

为了探讨受访者对档次选择的影响因素，我们用多变量的有序回归模型，也即定序回归（ordinal regression）模型对缴费档次选择的影响因素进行了估计。

模型 $y_i = \alpha \cdot \text{health}_i + \beta \cdot x_i + \varepsilon_i$ 在这一部分拓展为

$$\Phi^{-1}\{P(\text{class} \leqslant k)\} = \beta_0 - \beta_1 \cdot \text{area} - \beta_2 \cdot \text{gender} - \beta_3 \cdot \text{age} - \beta_4 \cdot \text{marriage} - \beta_5 \cdot \text{edu}$$
$$- \beta_6 \cdot \text{chronic\_disease} - \beta_7 \cdot \text{self} - \text{perceived\_health}$$
$$- \beta_8 \cdot \text{income\_per\_capita} - \beta_9 \cdot \text{time} - \beta_{10} \cdot \text{ins} - \beta_{11} \cdot \text{illness}$$
$$- \beta_{12} \cdot \text{op\_times} - \beta_{13} \cdot \text{op\_self\_paid\_ratio} - \beta_{14} \cdot \text{ip\_times}$$
$$- \beta_{15} \cdot \text{ip\_self\_paid\_ratio}$$

此处class代表受访者对档次的选择，class=1～6分别代表问卷中的100元以下、100～150元、150～200元、200～300元、300～500元、500元以上六个档次。模型检验如表7-7。

表 7-7　定序回归似然比检验结果

模型	自由度	残差平方和	自变量差值	残差平方和差值	Pr(Chi)
空模型	754	2648.857			
全模型	717	2496.232	37	152.6253	0

广义似然比检验的统计量即为两个模型的残差平方和之差152.6253。对应的卡方分布的 P 值为0，高度显著。这说明，我们考察的因子中至少有一个对档次选择class有显著的影响。

通过对全模型进行卡方检验，我们发现家庭人均收入对分档缴费档次选择有非常显著的解释力（1%显著性水平），地区、是否患有慢性病（5%）和教育程度（10%）也会显著影响档次选择，是否购买商业医疗保险也会较为显著地影响档次的选择，具体数据见表 7-8。

表 7-8　全模型（定序回归）卡方检验

解释变量	卡方统计量	自由度	P 值
城乡	7.6640	1	0.0056**
性别	0.7210	1	0.3958
年龄	8.7760	5	0.1183
婚姻状况	1.2300	1	0.2675
教育程度	12.3590	5	0.0302*
是否患有慢性病	8.2520	1	0.0041**
自评健康	7.2240	4	0.1245
家庭人均收入	35.7360	5	0.0000***
单程时间	5.7310	4	0.2202
是否购买商业医疗保险	3.6070	1	0.0575
近一月是否生病	0.1540	1	0.6943
近一月门诊次数	0.4060	4	0.9819
近一月门诊自付比例	0.0020	1	0.9665
近一年住院次数	0.0280	2	0.9863
近一年住院自付比例	0.2360	1	0.6269

注：*，**，***分别表示在 10%，5%，1%的置信水平上显著。

表 7-9 展示了相关参数的具体估计结果。标准正态分布的 90%分位数为 1.28，结合表 7-9 对各个解释变量的 Z 检验，我们可以得出以下的结论。

表 7-9　档次选择的影响因素（定序回归模型）

解释变量	系数估计	z 值	边际效应
截距 1	−2.3305	−1.8320	−0.4114
截距 2	−1.1941	−0.9398	−0.2675
截距 3	−0.3042	−0.2395	−0.0755
截距 4	0.9130	0.7192	0.2136
截距 5	2.3287	1.8269	0.4112
城乡	0.5637	2.7621	0.1373
性别	0.1149	0.8491	0.0287
年龄：18～30 岁	−1.5990	−1.7407	−0.3319
年龄：31～40 岁	−1.7049	−1.8946	−0.3462

续表

解释变量	系数估计	z 值	边际效应
年龄：41～50 岁	-1.2971	-1.4446	-0.2853
年龄：51～60 岁	-1.3986	-1.5286	-0.3020
年龄：60 岁以上	-1.6271	-1.8112	-0.3358
婚姻状况	0.3734	1.1089	0.0923
教育程度：初中	0.1538	0.8213	0.0384
教育程度：中专	1.1038	3.0373	0.2510
教育程度：高中	0.0594	0.2611	0.0148
教育程度：大专	0.5015	1.7357	0.1228
教育程度：大学	0.5317	1.4297	0.1299
是否患有慢性病	0.6291	2.8725	0.1523
自评健康：不健康	-1.1308	-1.2188	-0.2560
自评健康：一般	-0.8042	-0.9179	-0.1909
自评健康：比较健康	-0.4304	-0.4875	-0.1060
自评健康：非常健康	-0.6321	-0.7131	-0.1530
家庭人均收入：0.3 万～1 万元	-0.2104	-0.7160	-0.0524
家庭人均收入：1 万～5 万元	0.6083	2.2648	0.1476
家庭人均收入：5 万～10 万元	1.0380	3.1116	0.2385
家庭人均收入：10 万～20 万元	1.6220	3.8437	0.3351
家庭人均收入：20 万元以上	1.8311	1.8787	0.3619
常去医疗机构的单程时间：10～30 分钟	0.2759	1.8081	0.0685
常去医疗机构的单程时间：0.5～1 小时	0.4166	2.1074	0.1027
常去医疗机构的单程时间：1～2 小时	0.3526	1.0240	0.0872
常去医疗机构的单程时间：2 小时以上	0.2897	0.6251	0.0719
是否购买商业医疗保险	0.4073	1.8976	0.1004
近一月是否生病	-0.0828	-0.3927	-0.0207
近一月门诊次数：2 次	0.0444	0.1255	0.0111
近一月门诊次数：3 次	0.4706	0.5541	0.1155
近一月门诊次数：4 次	0.3909	0.2597	0.0965
近一月门诊次数：5 次及以上	-0.1576	-0.1250	-0.0393
近一月门诊自付比例	0.0148	0.0422	0.0037
近一年住院次数：2～3 次	-0.0975	-0.0812	-0.0244
近一年住院次数：4 次及以上	0.2254	0.1452	0.0561
近一年住院自付比例	0.3396	0.4847	0.0841

首先，是否患有慢性病以及是否购买商业医疗保险不仅会显著影响受访者选择是否分档，同时也会显著影响其档次的选择。具体而言，慢性病患者较非慢性病患者在选择档次平均高出 15.23 个百分点；而有商业医疗保险的群体在档次的选择上平均高出无商业医疗保险群体 10.04%。另外，在城乡对参保档次选

择的影响上，城镇居民比农村居民更加倾向高档次的缴费水平（13.73%）。基于以上分析，我们也不难发现家庭人均收入这一因子对档次选择有非常显著的解释力，拥有较高家庭人均收入的受访者，会偏向更高档次的选择。而由于低收入人群的参保能力受限，家庭人均收入在（0.3,1）万元区间内的受访者选择的平均档次比基准组（年均收入低于3000元）降低了5.24%。另一个显著的变量为年龄。我们发现受访者档次的档次选择随着年龄的增加而降低。男性的平均档次选择要高于女性但不显著，说明档次选择不存在明显的性别差异。再者，教育程度不同的人在档次选择上也体现出较为显著的差异。对应的边际效应为正说明教育程度越高的群体越倾向于高档次的缴费。由于教育程度高的群体通常会更加关注自身的健康水平，普遍会有更多的理解保险的机会，为改善健康的支付意愿也越高。

在医疗服务利用相关解释变量中，常去医疗点的单程时间在10分钟~1小时之间是显著的。在就医路途上花费较多时间的受访者更加倾向高档次缴费。受访者在就医过程中不仅仅会考虑直接可见的费用成本，过高的时间成本也会使得他们更加倾向高档次的选择偏好以补偿自身相对较高的时间投入。

概括来说，在这部分关于档次选择的考察中我们发现，诸如受访者的性别、婚姻状况等相关人口社会学特征变量对档次选择也并没有起到明显的解释力，但是相较于是否偏好分档的分析，城乡、年龄和教育程度在这一部分具有较强的解释力。

尽管在档次选择部分，具有显著解释力的因子比偏好分档部分的数量更多，但是仍然有较多的解释变量没有起到良好的解释作用。类似地，我们通过AIC的模型选择标准剔除原模型中不显著的变量后以获得一个具有最优解释力的模型。

比较表7-10和全模型定序回归的结果，我们不难发现逐步回归之后得出的精简模型和全模型的显著变量是非常类似的。具体而言，在地区对参保档次的选择上，与农村居民相比，城镇居民更加偏好高档次的缴费标准，平均档次选择提升了14.34%。家庭人均收入这一因子对档次选择具有强有力的解释，拥有较高家庭人均收入的受访者，倾向选择高档次的缴费标准。比如家庭人均收入在20万元以上的群体对档次的选择高于基准组（家庭人均收入低于3000元）近40%。而由于低收入人群的参保能力有限，我们也不难发现人均收入在（0.3,1）万元区间内的受访者选择的平均档次比基准组（年均收入低于3000元）降低了2.07%。城乡和家庭人均收入反映的是个体在经济条件上的差异。城镇高收入群体受到的经济约束较少，更加倾向高档次的缴费水平以获得更为全面的保障。就年龄这一解释变量而言，31～40岁组别的受访者对高档次的缴费水平尤为偏好，比基准组（低于28岁）提高了23.16%。通常而言，这一阶段所承担的责任义务是比较重的，因此其自身的健康状况就显得尤为重要，医疗保障的需求较其他年龄段也更高。在自身健康方面，慢性病患者较非慢性病患者在平均选择档次上高出13.69个百分点。在控制其他变量的情况下，有额外购买商业医疗保险的受访者拥有更强的预防意识，对高档次缴费也展现出了更高的需求，档次选择上比未购买商业医疗保险的群体提升了10.80%。

表7-10 AIC结果（定序回归）

解释变量	系数估计	标准差	z值	边际效应
截距2	0.432	0.2709	1.5948	0.1064
截距3	1.3054	0.275	4.7477	0.2867
截距4	2.5034	0.286	8.7524	0.4244
截距5	3.9022	0.3117	12.5174	0.4802
城乡	0.5902	0.1891	3.1218	0.1434
年龄：18～30岁	0.2156	0.1782	1.2103	0.0537
年龄：31～40岁	1.0026	0.3516	2.8514	0.2316
年龄：41～50岁	0.0681	0.2160	0.3153	0.0170
年龄：51～60岁	0.4652	0.2648	1.7570	0.1143
年龄：60岁以上	0.4476	0.3482	1.2854	0.1101
是否患有慢性病	0.5619	0.1930	2.9110	0.1369
家庭人均收入：0.3万～1万元	-0.0830	0.2906	-0.2856	-0.0207
家庭人均收入：1万～5万元	0.6542	0.2640	2.4782	0.1579
家庭人均收入：5万～10万元	1.1251	0.3268	3.4428	0.2549
家庭人均收入：10万～20万元	1.8809	0.4066	4.6260	0.3677
家庭人均收入：20万元以上	2.1524	0.9428	2.2831	0.3959
是否购买商业医疗保险	0.4389	0.2061	2.1302	0.1080

综上，慢性病患者以及购买商业医疗保险的群体更加偏好分档以及选择高档次的缴费标准。家庭人均收入虽然不会影响对选择是否分档的决策，但是会显著影响档次的选择，高收入群体更加倾向高档次的缴费水平。因此，我们认为逆向选择是存在的。

7.6 本章结论与对策建议

7.6.1 结论概述

本章利用浙江省2015年的调研数据，采用Logit模型和定序回归方法，实证检验了统筹城乡医疗保险过程中分档缴费是否存在逆向选择问题。实证结果证实了逆向选择的存在。本章得出的主要结论如下。

（1）在是否偏好分档缴费决策的探究中，表7-6结果显示，慢性病患者更加倾向分档缴费（边际效应为17.5%），此外购买商业医疗保险的群体比未购买商业医疗保险的群体偏好分档缴费的概率高出27.02%。常去医疗机构的单程时间耗费高于1小时会显著降低受访者对分档缴费的偏好。并且，分档缴费在教育水平为大专以上的群体中拥有更好的接受度。在居民对参保档次的选择中，我们进一步发现慢性病患者更加倾向于高档次的缴费水平，同时，家庭人均收入越高的群体越偏向高档次的缴费档次，可以证实分档缴费中逆向选择的存在。此外，购买商业医疗保险的群体与普通群体相比，具有更强的风险意识和保障需求，在档次选择中体现出偏好高档次的显著倾向。城乡、年龄也显著影响档次的选择，城镇高收入群体受到较少的经济约束，更加偏好高档次的缴费水平。而31~40岁年龄段的群体家庭责任通常较重，对自身健康的关注转化为高档次的缴费需求。

（2）在探究影响选择是否分档的决策中，我们发现诸如性别、年龄、婚姻状况等人口社会特征变量的影响并不显著。但城乡和年龄会显著影响档次的选择。反映就医情况的变量诸如近一月门诊情况和近一年住院情况等在两个部分的考察中均不显著。

（3）自评健康作为客观健康和主观健康的综合体，是本章重点关注的解释变量之一，但自评健康在两部分的分析中均没有起到显著的解释作用。可能的原因是，自评健康是个人健康水平的综合评价，相较慢性病指标更具主观性，它既包含了受访者对自身精神状态的评价，也会因受访者的风险态度产生差异。因此，我们认为通过慢性病对档次偏好和选择的影响归纳出相应的结论也是具有实际意义的。

7.6.2 统筹城乡医疗保险中逆向选择的控制

一制多档是实现基本医疗保险城乡一体化的有效手段，分档缴费模式下的逆向选择问题会带来以下的风险。逆向选择的存在使得高风险的群体向城乡基本医疗保险集中，导致更高的赔付，从而加大了医疗保险的基金缺口，造成基金透支和亏损，驱逐了风险状况良好的投保人，不利于保险市场的稳定。基于调研数据，发现由于有慢性疾病的受访者更加倾向高档次的缴费水平，期望能在发生特定疾病或者发生医疗支出时获得更高的补偿；健康水平次优的人缴得多，健康水平优缴得少，会进一步驱逐健康水平良好但是原先保障需求高的群体，降低低风险群体的投保积极性，影响城乡基本医疗保险发展的可持续性。从而阻碍基本医疗保险一体化的发展，也违背了基本医疗保险保障居民享受基本医疗服务权利的初衷。

在商业医疗保险中，保险合约设计的差异化是缓解逆向选择的方式之一，具体体现在保费、免赔额、责任限额、共付比例等要素的设定上。这启发我们在城乡基本医疗保险上可以引入类似的机制。选择高档次的缴费标准可以相应地获得高档次补偿，即多缴多得。同时，通过合理提升免赔额、降低责任限额以及调节共付比例等相应方式进行制约。如何既能保证公平得多缴多得，又能防范逆向选择呢？核心思路是将"提升的免赔额"或"降低的责任限额"部分用于提升参保人的健康水平上，将分档缴费延续到健康的保障和管理，建立激励机制，让参保人切实感受到基本医疗保险的保障和福利。

根据上述思路，为了更好地推进建立浙江省城乡医疗保险统筹的进程，降低逆向选择对统筹医疗保险的影响。我们基于本章实证的结果，提出了以下建议。

（1）医疗保险经办机构和医院通力协作，逐步实现全面的个体健康信息共享。

保险公司和交管部门进行合作可以有效地获得车主历史违章次数信息，从而有助于保险公司实现对车主风险的合理评估。考虑到城乡居民基本医疗保险是政府组织，并由政府补贴和个人缴费共同筹资组成的基本医疗保险制度。因此政府可以发挥其组织优势，鼓励地区医院以及体检中心等与医疗保险经办机构进行通力合作建立当地的健康信息库。各统筹地区也需不断加强医疗保险信息系统建设，逐步统一信息标准和交换平台，实现数据共享，提高信息化管理水平。通过这种方式，经办人员在为居民办理参保时可以直接了解居民是否患有慢性病等健康信息，首先有助于防范逆向选择，引导参保者合理选择缴费档次，对于风险较高的群体可以推荐购买商业医疗保险进行合理的风险分散。在个人信息的隐私能够得到保障的前提下，将居民的健康信息进行调用和共享，能够有效缓解逆向选择带来的风险。

（2）引入健康管理思想，激励参保人主动管理自身健康。

根据本章结论，慢性病患者更加倾向分档缴费以及选择高档次的缴费水平。针对这一现象，我们可以引入健康管理的思想，以帮助参保人获得更多促进健康的资源。即，当个人账户的积累额超过一个特定阈值时，超过的部分用于参保人的健康维护与促进。比如通过医疗保险卡结余部分支付体育馆、健身房的锻炼费用可以获得一定折扣优惠等方式吸引参保人积极参与锻炼，提高其预防动机并抑制医疗服务的过度消费。引入健康管理的思想一方面能够防范个人账户基金结余的贬值风险，另一方面也促进了参保人关注自身健康并采取积极改善的措施。长此以往，可以从根本上改善参保人的健康状况，提升医疗保险基金的使用效能。

（3）优化保险契约设计，引入补充医疗保险进行分段报销。

对于有逆向选择倾向的投保人而言，逆向选择最直接的利益来自门诊费用和住院费用的报销。以广东省城乡居民基本医疗保险为例，2016年该省普通门诊费用的个人自付比例为45%。而在住院医疗部分，基本医疗保险基金最高可以支付20万元，基本医疗保险政策范围内个人自付部分及最高支付限额以上部分（不含起付标准）由大病补充医疗保险进行分段二次报销。从某种程度上，可以将此处的大病补充医疗保险视作基本医疗保险的再保险，能够有效地缓解医疗保险基金的支付压力。

结合本次的调研数据，我们发现全体人群中投保了商业医疗保险的占比仅为10%左右。参照以上做法，在不影响居民医疗保险账户正常使用的情况下，我们可以探索允许参保人从个人账户的积累额中抽出一部分资金用于购买补充医疗保险。鉴于商业医疗保险可为人们提供更高层次的保险保障，因此本方案的适用对象偏向于个人账户有较高结余的人群以及偏好高档次缴费水平的高收入群体。可供选择的商业医疗保险产品包括防癌险、意外险、长期护理保险、收入保障保险等。对于商业医疗保险中无法报销的部分，可以通过补充医疗保险进行合理的分摊。使用个人账户结余购买补充医疗保险，能够发挥商业医疗保险的专业经营优势，对基本医疗保险起到积极的补充作用。

（4）推进农村地区的基本医疗保险信息建设，逐步缩小城乡保障需求差异。

基于本次调研，我们发现农村居民相较于城镇居民对分档缴费表现出更低的参与度以及档次偏好。除去本身的可支配收入约束，农村居民受到所处地域的限制，对于分档缴费的理解也不一，原有的缴费习惯也会制约居民在城乡医疗保险整合后对是否选择分档以及选择何种档次进行合理选择。让更多潜在有需求的参保对象理解分档缴费对他们的作用和意义，也是降低逆向选择的手段之一。具体地，农村地区各地的经办机构可以开展相应的宣传活动进行知识普及，逐步扩大城乡居民基本医疗保险的影响力，提升农村群众通过保险转嫁风险的意识，提升医疗服务的可及性，进一步完善我国统筹城乡基本医疗保险的建设。

总结而言，通过引入激励机制，鼓励参保人加强健康管理和维护，能从根本上控制参保人的医疗费用支出，进而促进账户的基金结余，鼓励账户有较高结余以及有保障需求的参保人购买商业医疗保险，作为对基本医疗保险的有效补充。这种方式也能有效降低居民医疗保险的负担。长此以往能够形成良性循环，促进投保人的健康水平，充分发挥基本医疗保险的保障功能，降低逆向选择带来的不利影响。

第8章 统筹的进一步深化：统筹城乡医疗保险对医疗服务利用的绩效评价

8.1 引言

为了解决新农合与居民医疗保险在筹资机制、保障范围、待遇水平、管理体制等方面上的差异，我国开始逐步规划医疗保险的城乡统筹，建立能够打破城乡户籍二元制的城乡居民基本医疗保险制度。城乡居民基本医疗保险统筹最初明确提出是在2008年12月底颁布的《社会保险法（草案）》。"草案"中第二十四条规定"省、自治区、直辖市人民政府根据实际情况，可以将城镇居民医疗保险和新型农村合作医疗统一标准，合并实施"。2009年，《中共中央 国务院关于深化医药卫生体制改革的意见》强调要建立城乡一体化的基本医疗保障管理制度，并要求对各项医疗保险制度进行有效的整合，逐步改变目前医疗保障体系的二元格局。2016年1月，《国务院关于整合城乡居民基本医疗保险制度的意见》提出统一覆盖范围、统一筹资政策、统一保障待遇、统一医保目录、统一定点管理、统一基金管理[①]，加快我国医疗保险制度统筹的步伐。2020年3月5日，《中共中央 国务院关于深化医疗保障制度改革的意见中》进一步强调要加快建成覆盖全民、城乡统筹、权责清晰、保障适度、可持续的多层次医疗保障体系……强化制度公平，逐步缩小待遇差距[②]。由此可见，城乡医疗保险统筹已经成为未来医疗保险改革方向的重点之一。

截至目前，我国各省份都对建立统一的城乡居民基本医疗保险制度出台了总体的规划部署抑或是全面实现整合。城乡居民基本医疗保险制度建立的初衷是为了完善城乡参保者对医疗服务的利用，缩小城乡医疗服务利用的差异。然

---

① 资料来源：国务院信息网（www.gov.cn/guowuyuan）。
② 中国政府网 https://www.gov.cn/gongbao/content/2020/content_5496762.htm。

而医疗保险统筹制度实施了若干阶段后是否实现了预期目标？这一项制度的现状是否存在着问题？这一项制度需要怎么完善？这些问题值得我们从不同角度进行深入研究。

鉴于上述的背景以及切实需要关注的问题，本章重点研究统筹后城乡居民基本医疗保险制度与统筹前的城居保、新农合相比对于城乡参保者医疗服务利用的影响与变化，从而评估城乡医疗保险统筹制度的绩效，为完善医疗保险统筹工作提供一些思路和建议。

随着医疗保险的不断改革与深化，我国的医疗保险逐渐向城乡统筹方向发展，然而医疗保险统筹实证方面的研究并未受到广泛关注。

本章利用中国健康与养老追踪调查（CHARLS）数据并建立双重差分法模型，分别研究医疗保险统筹制度是否影响了我国城市和农村参保者医疗服务利用水平以及其影响程度，并且将医疗服务利用的指标从门诊次数、门诊费用、住院次数与住院费用扩展到"事前"的就诊交通成本方面。

8.2 数据使用与实证模型

8.2.1 数据使用

本章采用的数据来源于"中国健康与养老追踪调查"。本章的研究目的是评估城乡医疗保险统筹对医疗服务利用[①]的影响，考虑到医疗保险统筹政策从2012年开始陆续全面推进实施，到2015年已经实现了比较广泛的覆盖，故本章选取CHARLS数据中的2011年和2015年的数据做实证分析。对样本数据清洗工作如下：

（1）剔除样本中新加入与退出调查的研究对象，保留在两年中均有调查记录的样本。

（2）剔除在2011年已经实现城乡医疗保险统筹的个体。

（3）缺失值的处理，根据每个变量的自身特点，分别采取先聚类后取均值、加权随机、线性回归、直接剔除等方法处理缺失数据。

[①] 本章对医疗服务利用的界定包含门诊次数、门诊费用、住院次数、住院费用、就诊交通成本。门诊医疗服务利用包含门诊次数和门诊费用，住院医疗服务利用包含住院次数和住院费用。

（4）将处理后的研究个体进行分组，以2015年研究对象是否参加了统筹城乡居民基本医疗保险为分组依据，将样本个体分为Control组与Treatment组。

8.2.2 变量选取

1. 被解释变量

本章在已有文献基础上，全面衡量统筹城乡居民基本医疗保险对医疗服务利用的影响。以"过去一个月中门诊次数""过去一个月门诊总费用"作为门诊医疗服务利用的被解释变量；"前一次的单程交通成本"作为医疗服务可及性的被解释变量；"过去一年中住院次数""过去一年住院总费用"作为住院医疗服务利用的被解释变量。

2. 解释变量与控制变量

本章组别和年份作为解释变量，将性别、年龄、婚姻状态、教育水平、健康状况、生活习惯（包含吸烟和喝酒）、个人收入视为控制变量，具体变量及变量赋值详见表8-1。

表8-1 变量名称、符号及赋值

	变量名称	符号	赋值/取值
解释变量	组别	G	Treatment组 $G=1$；Control组 $G=0$
	年份	t	2011年，$t=0$；2015年，$t=1$
被解释变量	门诊次数	Mz	计数变量
	门诊费用	Mz_cost	连续变量
	交通成本	Jt_cost	连续变量
	住院次数	Zy	计数变量
	住院费用	Zy_cost	连续变量
控制变量	性别	Gender	男=0，女=1
	年龄	Age	整数数值，≥45
	婚姻状态	Marriage	已婚（同居）=2，离异（丧偶）=1，未婚=0

续表

变量	变量名称	符号	赋值/取值
控制变量	教育水平	Education	小学及以下=1, 初中=2, 高中/中专/技校=3, 大专及以上=4
	健康状况	Healthy	健康=1,不健康=0
	吸烟	Smoke	吸烟=1,不吸烟=0
	喝酒	Drink	喝酒=1,不喝酒=0
	个人收入	Income	连续变量

8.2.3 实证模型

双重差分（differences-in-differences，DID）法模型，又名"倍差法"。DID模型通过政策干预和不干预两种情况观察被解释变量 Y 的变化来评估政策作用的效果。如果根据一个外在的政策变化将观测样本分为受政策影响的Treatment组与没有受政策影响的Control组，并且在受到政策影响之前两组的 Y 没有显著的差异，之后便可以通过比较Treatment组中 Y 的变化量（记为DT）与Control组 Y 的变化量（记为DC），最终得出政策实施的效果，即 DD = DT − DC。使用DID模型可以在一定程度上避免内生性问题导致的结果不准确。

本章采用的是2011年与2015年CHARLS的全国样本数据，根据DID模型设置Treatment组与Control组。Treatment组是指在2011年参加了城镇居民医疗保险或新农合保险的个体，并在2015年参加了统筹城乡居民基本医疗保险的个体；Control组是指在2011年参加了城镇居民医疗保险或新农合保险的城乡个体，但在2015年仍未实现统筹城乡基本医疗保险地区的个体。因此，DID的实证模型如下

$$y_{it} = \beta_0 + \beta_1 G_i \cdot t + \beta_2 G_i + \beta_3 t + \alpha x_{it} + \varepsilon_{it} \quad (i=1,2,\cdots,n;\ t=0,1)$$

其中 G_i 为区分Control组与Treatment组的虚拟变量，当样本属于Treatment组时，$G_i = 1$；当样本属于Control组时，$G_i = 0$。t 为区分时间点的虚拟变量，当个体属于2011年时，$t = 0$；当个体属于2015年，$t = 1$。x_{it} 包含了所有的控制变量。交叉项 $(G_i \cdot t)$ 前面的系数估计 β_1 便是城乡医疗保险统筹政策在医疗服务利用上的效应，即

$$DID = DT - DC = \Delta y_{\text{Treatment}} - \Delta y_{\text{Control}}$$
$$= ((\beta_0 + \beta_1 + \beta_2 + \beta_3) - (\beta_0 + \beta_2)) - ((\beta_0 + \beta_3) - \beta_0)$$
$$= \beta_1$$

8.3 实证分析

8.3.1 变量描述性统计分析

对相关变量的描述性统计分析如表 8-2。

表 8-2 2011 年和 2015 年各变量的描述性统计结果

变量	农村（N=12068）2011 年均值	农村（N=12068）2015 年均值	城市（N=1347）2011 年均值	城市（N=1347）2015 年均值
性别	0.55	0.55	0.56	0.56
年龄	55.47	59.22	55.44	59.21
婚姻状态	1.87	1.84	1.87	1.84
教育水平	1.30	1.30	1.63	1.63
健康状况	0.22	0.20	0.26	0.24
吸烟	0.54	0.60	0.52	0.58
喝酒	0.86	0.91	0.85	0.89
个人收入	1685.28	3526.76	2854.23	5962.86
门诊次数	2.02	2.35	2.17	2.45
门诊费用	1016.429	1446.719	1722.903	2026.12
交通成本	19.54	23.37	11.92	18.29
住院次数	1.3	1.45	1.46	1.60
住院费用	6993.529	15893.84	14252.17	21859.87

首先从样本数量上看，农村样本为 12068 个，而城市样本仅有 1347 个，这主要是城市和农村人口的数量差异以及 CHARLS 调查的倾向性的原因导致。在性别这一栏中，农村样本的均值为 0.55，城市样本的均值为 0.56，表明无论是城市还是农村所选取的研究样本中，男女比例基本相等，同时 CHARLS 调查所选取的个体主要为每个家庭的主要财务管理者，因而表明在调查地区农村与城市中男女家庭地位均等。婚姻状态这一栏中，农村样本与城市样本 2011 年均值均为 1.87，2015 年均值均为 1.84，说明受访者大多数目前处于已婚或是同居的状

态，家庭结构相对比较稳定。教育水平方面，城乡之间存在着较大差距，城市样本的平均学历要高于农村样本。

无论是2011年还是2015年，城市样本的健康状况均值略大于农村样本的均值，而吸烟、喝酒均值略小于农村样本的均值，并且超过半数的受访者存在吸烟、喝酒的生活习惯。在个人收入方面，农村样本与城市样本的均值相差较大，说明城市的受访者个人收入要远高于农村的受访者。

从年度的变化来看，在婚姻状态方面，可以看到较之2011年，2015年的均值略微有所下降，考虑到受访者都是45岁以上的中老年人，因而下降的原因可能是部分老年受访者的配偶过世使得受访者由原先的已婚状态变成了丧偶状态。2015年城市样本、农村样本的吸烟、喝酒两个变量的均值分别为0.58，0.60，0.89，0.91，比2011年时的均值都有所增加，说明随着时间的推移，无论是城市受访者还是农村受访者，以吸烟和喝酒为代表的生活习惯发生了变化。2015年，城市和农村的受访者在健康状况方面均值分别为0.24与0.20，由于年龄增长、身体自然衰退等因素，较之2011年有所下降。而在个人收入方面，城乡样本在2015年的均值比2011年的均值都有较大的提升。

最后在被解释变量医疗服务方面，2015年城乡受访者的门诊次数与住院次数均略有上升。其次门诊费用、交通成本、住院费用三个被解释变量的均值无论从城乡之间比较还是从年份之间比较均有较大差异，可以看出城市受访者和农村受访者这4年之间在门诊费用、交通成本、住院费用方面存在较大的增长。同时粗略地看，表8-2中所列各被解释变量指标的城乡差异在这4年间均有所减少，城乡之间医疗服务利用情况、医疗服务可及性的不公平有所缓解。但是城乡受访者医疗服务利用差距的缩小究竟是否是城乡统筹医疗保险所带来的影响呢？故而本章运用DID模型实证分析城乡医疗保险统筹对于城乡居民医疗服务利用的影响和差异，下面是实证结果及分析。

8.3.2　实证结果与分析

本章运用R Studio软件对城市参保者与农村参保者分别进行分析。根据DID模型的特点将样本分为"城市Treatment组""城市Control组""农村Treatment组""农村Control组"，样本量分别为140，1207，1100，10968。

1. 城乡医疗保险统筹对于城市参保者医疗服务利用的效果分析

在表 8-3 中，首先从控制变量的结果中可以看出，性别对于门诊次数和门诊费用在 5% 的水平下显著，表明城市中，女性对门诊服务利用低于男性。年龄对于医疗服务利用（除交通成本外）均有显著的正向影响，这主要是由于随着年龄的增加，自然需要增加就医的频率以及就医的费用。在健康状况方面，自评健康较差也会对门诊次数、住院次数和住院费用产生显著的正向影响，显然自评健康较差的人群定期要去医院进行检查，更严重者可能会入院，因而会增加各项费用的开支。此外，吸烟、喝酒、教育水平、个人收入对于各医疗服务利用指标均没有表现出十分显著的影响。

表 8-3 城市样本的实证结果

变量	门诊次数	门诊费用	交通成本	住院次数	住院费用
DID 值(β_1)	−0.1605**	−0.2868***	−0.1684	−0.0739	−0.1016
	(−2.712)	(−4.699)	(−0.151)	(−0.979)	(−0.695)
性别	−0.1049*	−0.1247*	−0.4799	−0.0098	0.0216
	(−2.408)	(−2.328)	(−0.975)	(−0.415)	(0.335)
年龄	0.0058**	0.0050*	0.0102	0.0063***	0.0151***
	(2.798)	(1.971)	(0.661)	(5.647)	(4.919)
婚姻状态	−0.1096	−0.3387	−1.2841	−0.0683*	−0.3472
	(−1.773)	(−0.785)	(−0.324)	(−2.043)	(−0.667)
教育水平	−0.2279	−0.1640	0.7260	0.0340	−0.0369
	(−0.186)	(−1.090)	(0.473)	(0.746)	(−0.204)
健康状况	0.1577***	0.1505**	0.3310	0.1031***	0.2525***
	(3.504)	(2.720)	(0.651)	(4.221)	(3.782)
吸烟	−0.1732**	−0.0101	0.5414	−0.0326	−0.0363
	(−3.114)	(−0.149)	(0.861)	(−1.081)	(−0.441)
喝酒	0.0574	0.0259	0.3886	0.0532	0.1056
	(0.855)	(0.314)	(0.512)	(1.460)	(1.060)
个人收入	0.0107	0.0032	−0.1525*	−0.0070*	−0.0182
	(1.673)	(0.417)	(−2.104)	(−2.021)	(−1.920)

注：括号中数值为 t 值，*，**，***分别表示在 5%，1%，0.1% 水平下显著。门诊费用、住院费用、交通成本在模型中使用 log 值后进行回归，门诊次数和住院次数使用泊松回归。

表 8-3 第一行的 DID 值表示了城乡医疗保险统筹对城市居民各医疗服务利用的效果。城乡医疗保险统筹对于城市参保者过去一个月门诊次数的交叉项系数为−0.1605，在 1% 的概率下显著。医疗保险统筹对于门诊费用的交叉项系数为−0.2868，在 0.1% 的概率下显著。这说明参加统筹医疗保险的城市样本门诊服务

利用的增量要小于没有参加统筹医疗保险的城市参保者门诊服务利用的增量，简而言之，统筹城乡医疗保险在一定程度上冲击了城市居民对门诊服务的利用。

城乡医疗保险统筹政策对于交通成本、住院次数、住院费用的影响与门诊次数、门诊费用相同，均是负向的，但其影响均不显著。城乡医疗保险统筹的实施对于城市参保者医疗服务可及性以及住院医疗服务利用方面并没有显著的效果。

2. 城乡医疗保险统筹对于农村参保者医疗服务利用的效果分析

表8-4所列的是对农村样本进行DID的实证结果，首先从控制变量对各个医疗服务利用的指标的影响程度来分析上述实证结果。性别、年龄、婚姻状态、教育水平、健康状况、吸烟、喝酒、个人收入对医疗服务利用影响的表现结果与城市居民高度相似。

表 8-4 农村样本的实证结果

变量	门诊次数	门诊费用	交通成本	住院次数	住院费用
DID值（β_1）	−0.2065***	−0.5232***	−0.5534	−0.00926	0.1529
	(−3.695)	(−10.855)	(−0.260)	(−0.750)	(1.379)
性别	−0.1466***	−0.1294**	−0.8832	−0.0129	0.0216*
	(−3.724)	(−2.972)	(−1.079)	(−0.683)	(2.012)
年龄	0.0051**	0.0023*	0.0021	0.0049***	0.0081***
	(2.746)	(2.161)	(0.057)	(5.495)	(4.045)
婚姻状态	−0.0085	−0.1571	−0.2530	−0.0228	0.2012
	(−0.148)	(−0.845)	(−0.209)	(−0.813)	(0.467)
教育水平	−0.2252	−0.2786	2.0163	0.1009	−0.0851
	(−0.965)	(−0.990)	(0.339)	(0.733)	(−0.649)
健康状况	0.1556***	0.0768**	1.6230	0.1031**	0.2496**
	(3.810)	(2.501)	(1.911)	(2.678)	(2.151)
吸烟	−0.0477	−0.0558	0.5788	−0.0272	−0.0179
	(−0.965)	(−0.814)	(0.451)	(−1.141)	(−0.334)
喝酒	0.0453	0.0445	0.4788	0.0321	0.088
	(0.735)	(0.819)	(0.466)	(1.079)	(1.318)
个人收入	0.0107	0.0043	−0.1041	−0.0070*	−0.0132*
	(0.248)	(0.657)	(−0.829)	(−2.670)	(−2.018)

注：括号中数值为t值，*，**，***表示在10%，5%，1%水平下显著。门诊费用、住院费用、交通成本在模型中使用log值后进行回归，门诊次数和住院次数使用泊松回归。

类似于城市参保者的门诊服务利用方面的结果，城乡医疗保险统筹对于农村参保者门诊医疗服务利用的影响方面较为显著。医疗保险的统筹对于门诊次数影响的交叉项系数为-0.2065，在1%的水平下显著。这说明Treatment组的农村受访者在这4年间的门诊次数增加量小于Control组的农村受访者。另一方面医疗保险统筹对于门诊费用的影响的交叉项系数为-0.5232，在1%的水平下显著。总体而言，城乡医疗保险统筹亦冲击了农村居民门诊服务利用。

城乡医疗保险统筹对于农村居民交通成本、住院次数、住院费用方面并没有显著的影响，但是值得注意的是，城乡医疗保险统筹对于农村居民住院次数产生的是负向的效应，对住院费用却是正向的效应，即城乡医疗保险统筹降低了农村居民的住院率，却增加了农村居民的住院医疗费用。

3. 城乡医疗保险统筹对城市居民与农村居民医疗服务利用影响的异同分析

结合表8-3和表8-4，城市居民和农村居民在门诊次数、门诊费用、交通成本和住院次数显示出同样方向的效果。但是在住院医疗费用方面，城乡医疗保险统筹降低了城市居民的住院费用水平的同时，提高了农村居民住院费用水平。这意味着，城乡医疗保险统筹缩小了城乡居民住院医疗费用上的差距。

城市样本结果与农村样本结果相比较而言：①在门诊医疗服务方面，城乡医疗保险统筹降低了城乡居民门诊次数和门诊费用水平，同时农村样本的交叉项系数的绝对值均大于城市样本的交叉项系数的绝对值，故而城乡医疗保险统筹对于农村参保者门诊医疗服务的抑制效果更大。②在交通成本以及住院服务利用方面，城乡医疗保险统筹对于城市居民和农村居民的影响效果并不明显。③城乡统筹医疗保险对城乡居民住院医疗费用上的影响是反向的，也体现了城乡统筹缩小了城乡居民对于住院医疗费用的差距。由于医疗保险政策的变化，提高了住院医疗费用的补偿比例，使得农村居民能够在付出相同的成本下获得更好的医疗服务。

8.4 本章结论与对策建议

1. 城乡医疗保险统筹政策主要影响参保者门诊医疗服务利用

本章研究表明：一方面，城乡医疗保险统筹在一定程度上降低了城乡居民门诊次数和门诊费用支出；另一方面，城乡医疗保险统筹对于农村参保者门诊医疗服务利用抑制的程度大于城市居民，这说明统筹后的城乡医疗保险并未在缓解城乡居民门诊医疗服务利用不均等、不公平的现象上起到关键的作用。

目前，无论是统筹前的城镇居民医疗保险和新农合，还是统筹后的城乡居民基本医疗保险，各地区除特殊疾病门诊外，门诊医疗服务费用一般都由个人账户支出，这使得城乡居民基本医疗保险在门诊统筹的筹资水平和保障程度上都比较低。为了进一步缩小城乡居民在门诊服务利用上的差异，统筹城乡医疗保险可以考虑逐步推进全面门诊统筹，重点提高城乡居民特殊疾病、慢性病等方面的保障水平，综合考虑支付方式的改革等措施。

2. 突破农村居民就低档次选择，实现真正统筹

统筹城乡医疗保险在执行过程中，一制多档模式被普遍使用，然而该模式保留了统筹前城市居民和农村居民补偿方案的差异，而农村居民并没有选择较高档次的意愿，导致统筹城乡医疗保险并未真正缩小农村居民与城市居民在住院医疗上实际补偿比的差异。因此，在进一步统筹过程中，应该考虑突破农村居民就低档次选择，激发高档选择的自主性和意愿，同时逐步降低档次的差异，实现真正城乡一体化统筹的目标。

3. 加快区县级公立医院、乡镇卫生院的改革

本章的结论显示统筹城乡医疗保险对城市和农村居民就医的间接费用，即交通成本上的效果并不显著。统筹城乡医疗保险改革，除了缩小城乡居民医疗保障上的差异和不公平性，引导城乡居民就近就医的同时，必须加快区县级公立医院、乡镇卫生院的改革，加快实现医疗服务资源的城乡均衡发展。

第9章 本书总结与进一步展望

9.1 总体结论与对策建议

9.1.1 总体结论

（1）通过研究城乡医疗保险对住院医疗服务、自评健康水平以及门诊医疗服务的绩效评价，可以看出，职工医疗保险、居民医疗保险、新农合三元分立的保险制度在对参保人群住院医疗服务以及疾病负担、自评健康水平、门诊医疗服务方面产生的绩效存在显著的差异。

医疗保险显著提高了老年人群的住院率和住院支出，并且城镇职工医疗保险相对于城镇居民医保和新农合而言，提高的比例更大。基本医疗保险显著降低了老年人群住院医疗费用的自付比例，但降低的程度根据医疗保险类型的不同而有所差异。

城镇居民医保和新农合两类保险对个体健康产出有显著影响。参加城镇居民基本医疗保险的群体倾向于具有更好的健康水平。

基本医疗保险有效地促进了老年人群门诊服务的利用，但这一效果会依据医疗保险的类型而不同。而三种基本医疗保险的提升程度各有不同，新农合对于门诊次数的提升发挥的作用最大。对于门诊医疗服务高利用率的人群，无论是基本医疗保险，还是分类别的医疗保险的提高效果并不显著。

（2）省级城乡医疗保险统筹是实现我国一体化医疗保险制度的必经之路。"一制多档"的筹资模式只是一个过渡方式而并非最终目标。在政策的实行过程中，很多地区可能会本末倒置，将分档筹资摆在高于统筹的位置之上，但我们必须意识到实行分档筹资的最终目的是更好地实现省级统筹。在传统的四部模型，以收支平衡为原理的测算医疗保险筹资额度基础上，增加档次的系数，建立新的分档筹资模型。以浙江省为案例研究，采用抽样调查的方法研究浙江省统筹医疗保险的现实状况、分档模式的意愿，基于浙江省个体调查数据，以分档筹资模型为方法，测算出浙江省省级统筹基本医疗保险的筹资额度，并且为省级统筹分档缴费模式提出一套完整的运作模式。

（3）如果在省级统筹的层次下，建立分档缴费的统筹医疗保险制度，其逆向选择必然存在。慢性病患者以及拥有商业保险的人群更加倾向于分档缴费制度。在居民对参保档次的选择中，我们进一步发现慢性病患者更加倾向于高档次的缴费水平，同时，家庭人均收入越高的群体越偏向高档次的缴费档次。此外，购买商业医疗保险的群体与普通群体相比，具有更强的风险意识和保障需求，在档次选择中体现出偏好高档次的显著倾向。地区、年龄也显著影响档次的选择，城镇高收入群体受到较少的经济约束，更加偏好高档次的缴费水平。而31~40岁年龄段的群体，家庭责任比较繁重，对自身健康的关注转化为高档次的缴费需求。

（4）至今，全国大部分地区（县、市层面上）实现了城乡医疗保险统筹医疗保险制度。但是，一方面，城乡医疗保险统筹在一定程度上降低了城乡居民门诊次数和门诊费用支出；另一方面，城乡医疗保险统筹对于农村参保者门诊医疗服务利用抑制的程度大于城市居民，这说明统筹后的城乡医疗保险并未在缓解城乡居民门诊医疗服务利用不均等、不公平的现象上起到关键的作用。

9.1.2 对策建议

（1）通过城乡统筹医疗保险绩效的实证研究，更加夯实了统筹的理论支撑。在普遍采用的"一制多档"的分档模式下，一套切实可行的分档筹资测算模型和方法是必不可少的。各地需根据自身的特点选择合理的档次、设置合理的补偿方案，通过精算模型计算各档次的筹资额度，并且可以循环调整筹资额度与补偿方案。

（2）省级统筹要分步推进，不可急于求成。各地差异较大且在短时间内无法达到相近水平，因此省级统筹在短期内是无法实现的，必须分步骤实行。比如在统筹层次仍处于较低程度的地区，先在各个县市进行城乡居民基本医疗保险的统筹，进一步再进行地级市统筹最后实现省级统筹，相对而言，每提高一个层次，难度就上升到一定高度。最终再探究与职工医疗保险衔接的方法。

（3）对城乡统筹医疗保险分档缴费模式的风险提示：①参保人员是否能选

择适合自身的筹资档次非常重要。若参保人员不能很好地体会到个中利弊，则该种模式就难以很好地发挥其本身应有的过渡性作用，如出现盲目选择较低档次的状况。②由于所分档次增多，监督和管理的成本也随之提高，于是很容易诱发"骗保"现象。"骗保"行为主要包括冒名顶替、串换药品、贩卖药品、提供虚假证明、隐瞒病因和虚报费用等。分档使得个别缴纳低费用档次的人员可以通过冒名顶替、借用医疗保险卡等方式获得高比例待遇水平，无形中为"骗保"提供了投机取巧的空间。③医疗保险基金缺口风险性增加。采用"一制多档"的筹资模式意味着对参保人员选档分布的预测变得更为重要。参保人员的选档分布直接影响着医疗保险基金的收支平衡，分布预测的不确定性增加使得对收支估计的不确定性同步增加。④逆向选择风险。参保个体对自身的健康状况有一定程度的了解，但由于信息的不对称性，医疗保险机构无法准确地获取这些信息。认为自己身体健康状况相对较差的人将会更加愿意去参保，而觉得自己身体健康状况相对较好的人则倾向于不参保。在分档筹资模式下，这一行为将演变为档次选择的"自身贴合性"，在增进参保群体医疗保障水平的同时，不免也为医疗保险基金的偿付施加了一定的压力。

（4）针对目前城乡统筹医疗保险未能在门诊制度上达到缩小城乡居民医疗服务利用率方面的问题，建议：为了进一步缩小城乡居民在门诊服务利用上的差异，统筹城乡医疗保险可以考虑逐步推进全面门诊统筹，重点提高城乡居民特殊疾病、慢性病等方面的保障水平，综合考虑支付方式的改革等措施。突破农村居民就低档次选择，实现真正统筹。统筹城乡医疗保险在执行过程中，一制多档模式被普遍使用，然而该模式保留了统筹前城市居民和农村居民补偿方案的差异，而农村居民并没有选择较高档次的意愿，导致统筹城乡医疗保险并未真正缩小农村居民与城市居民在住院医疗上实际补偿比的差异。因此，在进一步统筹过程中，应该考虑突破农村居民就低档次选择，激发高档选择的自主性和意愿，同时逐步降低档次的差异，实现真正城乡一体化统筹的目标，并加快区县级公立医院、乡镇卫生院的改革。本章的结论显示统筹城乡医疗保险对城市和农村居民就医的间接费用即交通成本上的效果并不显著。统筹城乡医疗保险改革，除了缩小城乡居民医疗保障上的差异和不公平性，引导城乡居民就近就医的同时，必须加快区县级公立医院、乡镇卫生院的改革，加快实现医疗服务资源的城乡均衡发展。

9.2　进一步展望

本书后续可以进一步地研究方向有：

（1）在本书中，档次的数量是设定好的参数。在今后的研究中，可以在现有的模型中加入档次数量作为变量，利用优化函数求解最优的档次数量和补偿方案。

（2）目前，大部分地区实现了城乡医疗保险在县市层面上的统筹，但是似乎离省级统筹的目标跨步非常艰难。而事实上，一些地区（比如四川资阳）已经实现城镇职工医疗保险、城镇居民医疗保险以及新农合三合一的一体化医疗保险制度。因此，本书拓展的研究方向可以关注较低层次的三合———体化医疗保险制度的实施效果，与省级统筹二合一医疗保险制度进行比较研究。

（3）进一步研究商业保险在城乡医疗保险统筹中发挥的作用。可以从商业保险在医疗服务利用、疾病负担、健康水平等方面的绩效评价入手，丰富商业保险产品，发挥商业保险精算定价方法，还可以从风险管理控制的核心技术出发，完善商业保险在城乡医疗保险统筹中的补充作用。

参考文献

薄海，张跃华. 2015. 商业补充医疗保险逆向选择问题研究——基于CHARLS数据的实证检验[J]. 保险研究，(9)：65-81.

陈华，邓佩云. 2016. 城镇职工基本医疗保险的健康绩效研究——基于CHNS数据[J]. 社会保障研究，(4)：44-52.

陈煜，曹凤，欧阳静. 2013. 城镇居民基本医疗保险门诊统筹补偿比例测算模型的构建与应用[J]. 中国社会医学杂志，30（6）：414-416.

程令国，张晔. 2012. "新农合"：经济绩效还是健康绩效?[J]. 经济研究，47（1）：120-133.

程锐娟，杨淑丽. 2012. 统筹城乡居民医保政策设计及建议[J]. 中国医疗保险，(4)：24-26.

邓大松，杨红燕. 2004. 基本医疗保险对退休老人保障效果分析[J]. 当代财经，(2)：28-31.

刁孝华，谭湘渝. 2010. 我国医疗保障体系的构建时序与制度整合[J]. 财经科学，(3)：77-84.

杜鹏. 2013. 中国老年人口健康状况分析[J]. 人口与经济，(6)：3-9.

范涛，曹乾，蒋露露，等. 2011. 新型农村合作医疗对农民健康自评的影响[J]. 上海交通大学学报（医学版），31（12）：1763-1766.

高建民，嵇丽红，闫菊娥，等. 2011. 三种医疗保障制度下居民卫生服务可及性分析[J]. 中国卫生经济，30（2）：19-21.

谷琳，乔晓春. 2006. 我国老年人健康自评影响因素分析[J]. 人口学刊，28（6）：25-29.

官海静，刘国恩，熊先军. 2013. 城镇居民基本医疗保险对住院服务利用公平性的影响[J]. 中国卫生经济，32（1）：42-44.

国锋，孙林岩. 2003. 医疗保险中的逆选择问题研究[J]. 上海经济研究，15（11）：66-70.

国家卫生和计划生育委员会. 2013. 2013中国卫生和计划生育统计年鉴[M]. 北京：中国协和医科大学出版社.

侯庆丰. 2014. 城镇居民基本医疗保险门诊统筹补偿比例测算[J]. 中国卫生经济，33（6）：43-45.

胡宏伟，张小燕，赵英丽. 2012. 社会医疗保险对老年人卫生服务利用的影响：基于倾向得分匹配的反事实估计[J]. 中国人口科学，(2)：57-66.

胡宏伟. 2012. 城镇居民医疗保险对卫生服务利用的影响：政策效应与稳健性检验[J].中南财经

政法大学学报，194：21-28.

黄枫，甘犁. 2010. 过度需求还是有效需求?——城镇老人健康与医疗保险的实证分析[J]. 经济研究，45（6）：105-119.

黄枫，吴纯杰. 2009. 中国医疗保险对城镇老人死亡率的影响[J]. 南开经济研究，（6）：126-137.

黄全，郭学勤，魏炜. 2007. 我国健康保险精算方法研究现状分析[J]. 金融与经济，（1）：64-67.

贾洪波. 2012. 人口流动、权益保障和基本医疗保险基金省级统筹[J]. 管理现代化，（2）：3-5.

李佳佳，徐凌忠. 2015. 统筹城乡医疗保险制度的筹资机制与社会福利——基于山东省高青县的调查分析[J]. 农业技术经济，（8）：89-97.

李建新，李毅. 2009. 性别视角下中国老年人健康差异分析[J]. 人口研究，33（2）：48-57.

李良军. 1993. 农村健康保险中的精算研究[D]. 成都：四川大学华西医学中心.

李良军. 1994. 医疗保险费的精算原理和方法.[J]. 中国卫生经济，13（8）：19-22.

李燕凌，李立清. 2009. 新型农村合作医疗卫生资源利用绩效研究[J]. 农业经济问题，30（10）：51-58.

李镒冲，李晓松，陈滔. 2010. ILO筹资模型与核密度估计方法在社会健康保险精算的应用研究[J]. 中国卫生统计，27（3）：243-246.

刘国恩，蔡春光，李林. 2011. 中国老人医疗保障与医疗服务需求的实证分析[J]. 经济研究，46（3）：95-107，118.

刘晶晶，吴群红，常娜，等. 2019. 医保整合与未整合地区居民卫生服务利用满意度状况比较研究[J]. 医学与社会，32（10）：115-118.

刘明霞，仇春涓. 2014. 医疗保险对老年人群住院行为及负担的绩效评价——基于中国健康与养老追踪调查的实证[J]. 保险研究，（9）：58-70.

刘小鲁. 2017. 中国城乡居民医疗保险与医疗服务利用水平的经验研究[J]. 世界经济，40（3）：169-192.

刘晓婷. 2014. 社会医疗保险对老年人健康水平的影响 基于浙江省的实证研究[J]. 社会，34（2）：193-214.

马超，曲兆鹏，宋泽. 2018. 城乡医保统筹背景下流动人口医疗保健的机会不平等——事前补偿原则与事后补偿原则的悖论[J]. 中国工业经济，（2）：100-117.

苗艳青，王禄生. 2010. 城乡居民基本医疗保障制度案例研究：试点实践和主要发现[J]. 中国卫生政策研究，3（4）：9-16.

牟一新，陈智明，李良军. 1995. 医疗保险费用偿付模式和费用分摊形式探讨[J]. 中华医院管理杂志，（2）：85-86.

潘杰，雷晓燕，刘国恩. 2013. 医疗保险促进健康吗?——基于中国城镇居民基本医疗保险的实证分析[J]. 经济研究, 48 (4): 130-142.

乔慧, 任彬彬, 刘秀英, 等. 2009. 银川市城镇居民医疗保险筹资水平及补偿方案测算研究[J]. 中国卫生统计, 26 (4): 359-362.

乔治·E. 瑞达. 2010. 风险管理与保险原理[M]. 10版. 北京: 中国人民大学出版社, 32-33.

仇雨临, 黄国武. 2013. 从三个公平的视角认识医疗保险城乡统筹[J]. 中国卫生政策研究, 6 (2): 4-7.

仇雨临, 翟绍果, 郝佳. 2011. 城乡医疗保障的统筹发展研究: 理论、实证与对策[J]. 中国软科学, (4): 75-87.

饶克勤. 2000. 中国城市居民医疗服务利用影响因素的研究——四步模型法的基本理论及其应用[J]. 中国卫生统计, 17 (2): 70-73.

任苒. 2011. 城乡经济社会发展一体化与城乡医疗保险一体化内涵解析[J]. 中国卫生经济, 30 (11): 48-51.

任燕燕, 阚兴旺, 宋丹丹. 2014. 逆向选择和道德风险——基于老年基本医疗保险市场的考察[J]. 上海财经大学学报（哲学社会科学版）, 16 (4): 54-63.

申曙光, 彭浩然. 2009. 全民医保的实现路径——基于公平视角的思考[J]. 中国人民大学学报, 23 (2): 18-23.

苏春红, 李齐云, 王大海, 等. 2013. 基本医疗保险对医疗消费的影响——基于CHNS微观调查数据[J]. 经济与管理研究, 34 (10): 23-30.

王存同, 臧鹏运. 2016. 退休影响健康吗?——一种社会学实证研究的视角[J]. 人口与发展, 22 (1): 11-18, 10.

王东进. 2010. 关于基本医疗保障制度建设的城乡统筹[J]. 中国医疗保险, (2): 6-9.

王藩. 2009. 中国城镇居民基本医疗保险逆向选择研究[D]. 上海: 第二军医大学. https://www.docin.com/p-1221120250.html.

王汉生. 2008. 应用商务统计分析[M]. 北京: 北京大学出版社.

王洪敏. 2015. 针对城镇基本医疗保险中逆向选择的检验[J]. 企业改革与管理, (20): 218.

王虎峰. 2009. 中国社会医疗保险统筹层次提升的模式选择——基于国际经验借鉴的视角[J]. 经济社会体制比较, (6): 60-67.

王明慧, 曹乾, 陆广春. 2009. 医保与非医保患者住院费用比较及其影响因素分析[J]. 中国卫生经济, 28 (1): 35-38.

王祥. 2015. 健康经济学视角下医疗保险中的选择效应研究[J]. 商业经济研究, (17): 95-96.

王晓燕, 刘易达. 2015. 城乡医保统筹对医疗服务差异影响的实证分析[J]. 财会月刊, 32: 104-107.

王雪雯, 李顺平, 李文迪, 等. 2019. QWB多属性效用量表的应用介绍[J]. 中国卫生经济,

(2). DOI: 10.7664/CHE20190201.

吴爱平, 黄德明, 王伟, 等. 2004. 医疗保险政策对门诊服务利用的影响[J]. 中国卫生经济, 23 (3): 28-30.

徐洁, 李树茁. 2014. 生命历程视角下女性老年人健康劣势及累积机制分析[J]. 西安交通大学学报(社会科学版), 34 (4): 47-53, 68.

徐伟, 曹晶晶. 2014. 城镇居民基本医疗保险筹资标准测算分析: 以江苏省为例[J]. 中国卫生经济, 33 (6): 40-42.

薛秦香, 胡安霞, 陈璐. 2012. 新型农村合作医疗住院费用损失分布拟合[J]. 中国卫生经济, 31 (6): 35-36.

杨良初, 李成威. 2007. 加快推进基本养老保险省级统筹的思考[J]. 中国财政, (6): 65-67.

杨清红. 2013. 医疗保障对老年人家庭医疗负担的效应分析[J]. 财经科学, (9): 73-82.

殷少华, 邹凌燕. 2006. 新型合作医疗对农村老年人门诊服务利用及影响因素研究[J]. 中华医院管理杂志, 22 (2): 126-129.

袁妮, 黄心宇. 2009. 关于我国医疗保险市级统筹的思考[C].//2009年中国药学会药事管理专业委员会年会暨"国家药物政策与《药品管理法》修订研究"论坛论文集, 345-350.

袁妮. 2011. 实现我国医疗保险市级统筹的建议[J]. 中国药房, 22 (9): 769-771.

袁正, 孙月梅, 陈祺. 2014. 我国商业医疗保险中的道德风险[J]. 保险研究, (6): 53-62.

臧文斌, 赵绍阳, 刘国恩. 2012. 城镇基本医疗保险中逆向选择的检验[J]. 经济学(季刊), 11 (4): 47-70.

张翠娥, 杨政怡. 2013. 统筹城乡基本医疗保险制度的路径研究[J]. 卫生经济研究, (2): 9-12.

张欢. 2006. 中国社会保险逆向选择问题的理论分析与实证研究[J]. 管理世界, (2): 41-49.

张琳. 2010. 统筹城乡发展 构建公平医保——中国医疗保险研究会2010年年会暨第四届"和谐社会与医疗保险"论坛综述[J]. 中国医疗保险, (5): 9-12.

张晓, 胡汉辉, 张文杰, 等. 2014. 对城乡居民医保制度整合实施"一制多档"的分析[J]. 中国医疗保险, (5): 15-17.

张新民, 周海洋, 沈杰. 1995. 住院医疗保险风险准备基金的测算与评价[J]. 卫生经济研究, (3): 27-29.

赵忠. 2005. 健康卫生需求的理论和经验分析方法[J]. 世界经济, 28 (4): 33-38.

赵忠, 侯振刚. 2005. 我国城镇居民的健康需求与Grossman模型——来自截面数据的证据[J]. 经济研究, (10): 79-90.

中华人民共和国卫生部. 2012. 2012中国卫生统计年鉴[M]. 北京: 中国协和医科大学出版社.

周磊, 姜博, 王静曦. 2015. 新型农村社会养老保险中的逆向选择问题研究[J]. 保险研究, (2): 105-116.

周良，孙梅，李程跃，等. 2013. 测算筹资总额：新型农村合作医疗保险方案研制思路之六[J]. 中国卫生资源，16（3）：165-167.

朱信凯，彭廷军. 2009. 新型农村合作医疗中的"逆向选择"问题：理论研究与实证分析[J]. 管理世界，（1）：79-88.

Aggarwal A. 2010. Impact evaluation of India's "Yeshasvini" community-based health insurance programme[J]. Health Economics, 19(S1): 5-35.

Akerlof G A. 1970. The market for "lemons": Quality uncertainty and the market mechanism[J]. The Quarterly Journal of Economics, 84: 488-500.

Anindya K, Lee J T, McPake B, et al. 2020. Impact of Indonesia's national health insurance scheme on inequality in access to maternal health services: A propensity score matched analysis[J]. Journal of Global Health, 10(1): 010429.

Arrow K J. 1963. Uncertainty and the welfare economics of medical care[J]. The American Economic Review, 53(5): 941-973.

Bajari P, Hong H, Khwaja A. 2006. Moral hazard, adverse selection and health expenditures: A semiparametric analysis[R]. National Bureau of Economic Research. NBER Working Paper, No. 12445.

Bauernschuster S, Driva A, Hornung E. 2020. Bismarck's health insurance and the mortality decline[J]. Journal of the European Economic Association, 18(5): 2561-2607.

Borgschulte M, Vogler J. 2020. Did the ACA Medicaid expansion save lives?[J]. Journal of Health Economics, 72, 102333.

Braveman L P, Tarimo E, Creese A, et al. 1996. Equity in health and health care: A WHO / SIDA initiative[R]. Geneva, Switzerland, World Health Organization[WHO], Division of Analysis, Research and Assessment.

Buchmueller T C, Grumbach K, Kronick R, et al. 2005. The effect of health insurance on medical care utilization and implications for insurance expansion: A review of the literature[J]. Medical Care Research and Review, 62(1): 3-30.

Cameron A C, Trivedi P K. 2013. Regression Analysis of Count Data[M]. Cambridge: Cambridge University Press.

Card D, Dobkin C, Maestas N. 2009. Does medicare save lives?[J]. The Quarterly Journal of Economics, 124(2): 597-636.

Chandra A, Gruber J, McKnight R. 2007. Patient cost-sharing, hospitalization offsets, and the design of optimal health insurance for the elderly[R]. National Bureau of Economic Research.

Chen L, Yip W, Chang M C, et al. 2007. The effects of Taiwan's National Health Insurance on access and health status of the elderly[J]. Health Economics, 16(3): 223-242.

Chen Y, Jin G Z. 2012. Does health Insurance coverage lead to better health and educational outcomes? Evidence from rural China[J]. Journal of Health Economics, 31:1-14.

Cheng S H, Chiang T L. 1997. The effect of universal health insurance on health care utilization in Taiwan: Results from a natural experiment[J]. JAMA, 278(2): 89-93.

Chiappori P A, Salanie B. 2000. Testing for asymmetric information in insurance markets[J]. Journal of Political Economy, 108(1): 56-78.

Courtemanche C J, Zapata D. 2014. Does universal coverage improve health? The Massachusetts experience[J]. Journal of Policy Analysis and Management: [the Journal of the Association for Public Policy Analysis and Management], 33(1): 36-69.

Currie J, Decker S, Lin W. 2008. Has public health insurance for older children reduced disparities in access to care and health outcomes?[J]. Journal of Health Economics, 27(6): 1567-1581.

Currie J, Gruber J. 1996. Saving babies: The efficacy and cost of recent changes in the medicaid eligibility of pregnant women[J]. Journal of Political Economy, 1996, 104(6): 1263-1296.

Cutler D M, Reber S. 1996. Paying for health insurance: The tradeoff between competition and adverse selection[R]. NBER Working Paper No. 5796.

Cutler D M, Vigdor E R. 2005. The impact of health insurance on health: Evidence from people experiencing health shocks[R]. NBER Working Paper, No.16417.

Daysal N M. 2012. Does uninsurance affect the health outcomes of the insured? Evidence from heart attack patients in California[J]. Journal of Health Economics, 31(4). 545-563.

Deb P, Trivedi P K. 1997. Demand for medical care by the elderly: A finite mixture approach[J]. Journal of Applied Econometrics, 12(3): 313-336.

Devlin R A, Sarma S, Zhang Q. 2011. The role of supplemental coverage in a universal health insurance system: Some Canadian evidence[J]. Health Policy, 100(1): 81-90.

Diehr P, Yanez D, Ash A, et al. 1999. Methods for analyzing health care utilization and costs[J]. Annu. Rev. Public Health, (20): 125-144.

Doyle J J Jr. 2005. Health insurance, treatment and outcomes: Using auto accidents as health shocks[J]. Review of Economics and Statistics, 87: 256-270.

Dunn A, Shapiro A H. 2019. Does medicare part D save lives?[J]. American Journal of Health Economics, 5(1): 126-164.

Farahani M, Subramanian S V, Canning D. 2010. Effects of state-level public spending on health on the mortality probability in India[J]. Health Economics, 19(11): 1361-1376.

Finkelstein A, McKnight R. 2008. What did medicare do? The initial impact of medicare on mortality and out of pocket medical spending[J]. Journal of Public Economics, 92: 1644-1668.

Finkelstein A, Taubman S, Wright B, et al. 2012. The Oregon health insurance experiment: Evidence from the first year[J].The Quarterly Journal of Economics, 127 (3): 1057-1106.

Gao F, Powers M R, Wang J. 2009. Adverse selection or advantageous selection? Risk and underwriting in China's health-insurance market[J]. Insurance: Mathematics and Economics, 44(3): 505-510.

Goldman D P, Bhattacharya J, McCaffrey D F, et al. 2001. Effect of insurance on mortality in an HIV-positive population in care[J]. Journal of the American Statistical Association, 96: 883-894.

Goodman-Bacon A. 2018. Public insurance and mortality: Evidence from medicaid implementation[J]. Journal of Political Economy, 126(1): 216-262.

Graves J A, Hatfield L A, Blot W. 2020. Medicaid expansion slowed rates of health decline for low-income adults in southern states[J]. Health Affairs, 39(1): 67-76.

Grossman M. 1972. On the concept of health capital and the demand for health[J]. Journal of Political Economy, 80(2): 223-255.

Grossman M. 1999. The human capital model of the demand for health[J]. NBER Working Paper, No. 7078.

Gruber J, Hendren N, Townsend R M. 2014. The great equalizer: Health care access and infant mortality in Thailand[J]. American Economic Journal-Applied Economics, 6(1): 91-107.

Hadley J, Waidmann T. 2006. Health insurance and health at age 65: Implications for medical care spending on new medicare beneficiaries[J]. Health Services Research, 41(2): 429-451.

Hanratty M J.1996. Canadian national health insurance and infant health[J]. The American Economic Review, 86: 276-284.

Harris T, Yelowitz A. 2014. Is there adverse selection in the life insurance market? Evidence from a representative sample of purchasers[J]. Economics Letters , 124(3): 520-522.

Kaplan R M, Anderson J P. 1988. A general health policy model: Update and applications[J]. Health Services Research, 23(2): 203-235.

Keeler E B, Cretin S. 1983. Discounting of life-saving and other nonmonetary effects[J]. Management Science, 29(3): 300-306.

King G, Gakidou E, Imai K, et al. 2009. Public policy for the poor? A randomised assessment of the Mexican universal health insurance programme[J]. The Lancet, 373: 1447-1454.

Knaul F M, Frenk J. 2005. Health insurance in Mexico: Achieving universal coverage through structural reform[J]. Health Affairs , 24(6): 1467-1476.

Lambert D. 1992. Zero-inflated Poisson regression, with an application to defects in manufacturing[J].

Technometrics, 34(1): 1-14.

Langenbrunner J C, Cashin C, O'Dougherty S. 2009. Designing and implementing health care provider payment systems: How-to manuals[R]. World Bank Publications.

Lei X, Lin W. 2009. The New Cooperative Medical Scheme in rural China: Does more coverage mean more service and better health?[J]. Health Economics, 18（S2）:S25-S46.

Lurie N, Ward N B, Shapiro M F, et al. 1986. Termination of medi-cal benefits[J]. The New England Journal of Medicine, 314: 1266-1268.

Manning W G, Newhouse J P, Duan N, et al. 1987. Health insurance and the demand for medical care: Evidence from a randomized experiment[J]. The American Economic Review, 77(3): 251-277.

Miller S, Johnson N, Wherry L R. 2019. Medicaid and mortality: New evidence from linked survey and administrative data[R]. NBER Working Paper, No.26081.

Mullahy J. 1986. Specification and testing of some modified count data models[J]. Journal of Econometrics, 33(3): 341-365.

Nan L. 1978. Nonparametric maximum likelihood estimation of a mixing distribution[J]. Journal of the American Statistical Association, 73(364): 805-811.

Newhouse J P. 1993. Insurance Experiment Group. Free for all? Lessons from the Rand Health Insurance Experiment[M]. Cambridge, Mass: Harvard University Press.

Newhouse J P. 2004. Consumer-directed health plans and the RAND health insurance experiment[J]. Health Affairs, 23(6): 107-113

Pfutze T. 2014. The effects of Mexico's seguro popular health insurance on infant mortality: An estimation with selection on the outcome variable[J]. World Development, 59: 475-486.

Powell D, Goldman D. 2021. Disentangling moral hazard and adverse selection in private health insurance. National Bureau Of Economic Research[R]. NBER Working Paper, No. 21858.

Rothschild M, Stiglitz J. 1976. Equilibrium in competitive insurance markets: An essay on the economics of imperfect information[J]. The Quarterly Journal of Economics, 90(4): 629-649.

Qiu C J, Wu X Y. 2019. The effect of medical insurance on outpatient visits by the elderly: An empirical study with China Health and Retirement Longitudinal Study Data. Applied Health Economics and Health Policy，17 (2): 175-187.

Shigeoka H. 2014. The effect of patient cost sharing on utilization, health, and risk protection[J]. American Economic Review, 104(7): 2152-2184.

Sommers B D, Gawande A A, Baicker K. 2017. Health insurance coverage and health: What the recent evidence tells us[J]. The New England Journal of Medicine, 377(6): 586-593.

Sommers B D, Long S K, Baicker K. 2014. Changes in mortality after Massachusetts health care reform[J]. Annals of Internal Medicine, 160(9): 585-593.

Sommers B D, Maylone B, Blendon R J, et al. 2017. Three-year impacts of the affordable care act: Improved medical care and health among low-income adults[J]. Health Affairs, 36(6): 1119-1128.

Spenkuch J L. 2012. Moral hazard and selection among the poor: Evidence from a randomized experiment[J]. Journal of Health Economics, 31(1): 72-85.

Sun X, Jackson S, Carmichael G, et al. 2009. Catastrophic medical payment and financial protection in rural China: Evidence from the New Cooperative Medical Scheme in Shandong Province[J]. Health Economics, 18 (1): 103-119.

Veugelers P J, Yip A M. 2003. Socioeconomic disparities in health care use: Does universal coverage reduce inequalities in health?[J]. Journal of Epidemiology & Community Health, 57(6): 424-428.

Victora C G, Hanson K, Bryce J, et al. 2004. Achieving universal coverage with health interventions[J]. The Lancet, 364(9444): 1541-1548.

WHO. 2000. World Health Report 2000: Health system measuring performance[R]. Geneva: WHO.

Winkelmann R. 2004. Co-payments for prescription drugs and the demand for doctor visits-evidence from a natural experiment[J]. Health Economics, 13(11): 1081-1089.

Wong I O L, Lindner M J, Cowling B J, et al. 2010. Measuring moral hazard and adverse selection by propensity scoring in the mixed health care economy of Hong Kong[J]. Health Policy, 95(1): 24-35.

Woolhandler S, Himmelstein D U. 2017. The relationship of health insurance and mortality: Is lack of insurance deadly?[J]. Annals of Internal Medicine, 167(6): 424-431.

Yip W, Berman P. 2001. Targeted health insurance in a low income country and its impact on access and equity in access: Egypt's school health insurance[J]. Health Economics, 10(3): 207-220.

Yu S H, Anderson G F. 1992. Achieving universal health insurance in Korea: A model for other developing countries?[J]. Health Policy, 20(3): 289-299.

附　录

"城乡居民统筹医疗保险" 调查问卷[①]

编号_____

亲爱的居民：

您好！为了调查居民对现有医保的满意程度，帮助您享受到更好、更公平的医疗保险待遇，同时为了研究合理的城乡居民统筹医疗保险分档策略，以期为国家卫生和计划生育（2013 年，该部门更名为国家卫生健康委员会）委员会、中华人民共和国人力资源和社会保障部提供决策参考，受华东师范大学项目组的委托，我院拟在浙江省开展"城乡居民统筹医疗保险"实地调查。我们将对您的个人信息完全保密，此问卷仅供科学研究之用，以期得到您的支持。

感谢您的配合，祝您身体健康！万事如意！

华东师范大学统计学院

筛选问题：受访者有没有入城镇职工保险？

A. 有跳过该受访者

调查日期：_____年_____月_____日

B. 跳至正式问卷

地点：_____

浙江省：_____

市（地市、州）：_____

乡（街道、镇）：_____

区（县）：_____

[①] 该问卷出自 2015 年。

村（屯）：_____

调查员：_____

受访者是：_____（城镇居民、农村居民）

一、基本信息（A）

A1. 您的性别是_____ （1）男（2）女

A2. 您的出生年份是_____

A3. 您的户口情况是_____

（1）非农业户口（2）农业户口

A4. 您的最高学历是_____

（1）没上过学

（2）小学

（3）初中

（4）高中

（5）中专

（6）大专

（7）大学

A5. 请问您的婚姻状况是_____

（1）已婚（2）未婚

A6. 请问您是否有慢性病史？

（1）有（2）没有

二、家庭情况（B）

接下来，我们会对您的家庭收入、支出情况进行调查（家人的界定：住在这个家，满足共担生活费用的条件；轮流赡养的老年人，在这家住的时间最长；因工作、上学等原因住在集体宿舍或单位住房，而不是住在居民区的人）。

B1. 您的家庭中一共有_____位家庭成员。

B2. 家庭收入情况

近年来，您全家人每年的总收入约为_____（元）

（1）1万元以下　（2）1万~2万元　（3）2万~4万元　（4）4万~6万元

（5）6万~8万元　（6）8万~10万元　（7）10万~20万元（8）20万~30万元

（9）30万～50万元 （10）50万元以上

B3. 家庭开支情况

近年来，您全家人每年的总支出约为_____（元）

（1）1万元以下 （2）1万～2万元 （3）2万～4万元 （4）4万～6万元

（5）6万～8万元 （6）8万～10万元 （7）10万～20万元 （8）20万～30万元

（9）30万～50万元 （10）50万元以上

B4. 您最常去的医疗机构的全称是_____

B5. 您怎么去这家医疗机构？

（1）步行

（2）公交车

（3）私家车或出租车

（4）自行车或其他人力车

（5）电动车或摩托车

（6）拖拉机

（7）骑牲畜或坐畜力车

（8）地铁

B6. 您上次去这家医疗机构单程花多少时间？

（1）5～10分钟 （2）10～30分钟 （3）30分钟～1小时 （4）1小时～2小时

（5）2小时以上

三、医疗保险（C）

现在我们想了解一下您享受的健康保险或福利。

C1. 您本人目前参加了以下哪几种医疗保险？（可多选）

（1）城镇居民医疗保险

（2）新型农村合作医疗保险（合作医疗）

（3）城乡居民基本医疗保险（合并城镇居民和新型农村合作医疗保险）

（4）公费医疗

（5）医疗救助

（6）商业医疗保险：单位购买

（7）商业医疗保险：个人购买

（8）其他，请注明＿＿＿＿＿＿

（9）没有保险

C2. 您没有参加城乡居民基本医疗保险（或新农合，或城镇居民医疗保险）的原因是（可多选）＿＿＿＿＿＿＿＿（若有投保上题中的（1），（2），（3）中的一个，则本题无需作答）

（1）对它不了解

（2）已经参加了其他形式的医疗保险

（3）没有闲钱投保

（4）对自己的身体有信心

（5）报销范围限制得太窄（定点医院、药品、诊疗项目等）

（6）报销手续繁琐

（7）报销比例太低，作用不大

C3. 您每年要自己缴纳的基本医疗保险费是＿＿＿＿＿＿元。

C4. 请问您对所参保险种的医保待遇（例如各级医院报销比例以及起付标准）是否了解？

（1）了解

（2）不了解

C5. 请问您实现医疗费用报销的方式是＿＿＿＿＿＿

（1）自己先垫钱，然后凭发票到相关部门报销（2）直接划医保卡（3）其他＿＿＿＿＿＿

四、医疗成本及使用情况（D）

下面我们想了解您过去一个月，到门诊看病或者接受治疗的情况（不包括住院）。

D1. 您在过去一个月内去过几次门诊？＿＿＿＿＿＿（若无，则不用填写）

D2. 您过去一个月内生过病吗？

（1）有

（2）没有

D3. 如果有生病而没有去医院，原因是什么？（若无则不用填写）

（1）之前已经看过医生了

（2）病情不严重，不需要看医生

（3）没有钱看病

（4）没有时间看病

D4. 过去一个月，您去过哪些医疗机构接受门诊治疗？请写下医院名称

（1）_____、（2）_____、（3）_____、

（4）_____（对每一家医院分别提问 D5-D7 问题）

D5. 过去一月中，您去这家医疗机构看过几次门诊？

D6. 看病的总费用大概是多少？其中自付部分为多少？

D7. 您排队花了多长时间？

（1）5~10分钟（2）10~30分钟（3）0.5~1小时（4）1~2小时

（5）2小时以上

下面我们想了解一下您过去一年接受住院治疗的情况。

D8. 过去一年，是否有医生说您应该住院而您没有住院的情况？

（1）有

（2）没有

D9. 如果有的话，请问原因是？

（1）没有钱

（2）不愿意住院

（3）住院也没有用，医院医疗条件差

（4）觉得问题很严重，住院也没用

（5）医院没有床位

（6）其他

D10. 您在过去一年内住过多少次院？_____

D11. 过去一年，您去过哪些医疗机构接受住院治疗？请写下医院名称

（1）_____、（2）_____、（3）_____、（4）_____
（对每一家医院分别提问 D12~D14 问题）

D12. 过去一个月中，您去这家医院住过几次院？

D13. 住院的总费用大概是多少？（只包括付给医院的费用，不包括陪护的工资、交通费和住宿费，但包括医院病房费）其中自付部分为多少？

D14. 您最近一次住院的候床时间？

（1）当天入院（2）三天以内（3）一周以内（4）半个月以内（5）半个月至一个月（6）一个月以上

五、医疗保险意愿情况（E）

E1. 生病的时候您是否都会去医保定点医院就医？

（1）是（2）否

E2. 如果您生病时不常去医保定点医院就医，那么原因是？

（1）医疗条件一般（2）收费问题（3）服务态度（4）路程问题

E3. 请问你对自己的身体状况评价如何？

（1）非常健康（2）比较健康（3）一般（4）不健康（5）很不健康

E4. 您对您所参加的医疗保险的总体状况是否满意？

（1）非常满意（2）比较满意（3）一般（4）比较不满意（5）非常不满意

E5. 您认为医疗保险的收费是否应该分档？（像养老保险分为不同的档次，缴费越多报销比例就越大）

（1）是（2）否（3）无所谓

E6. 如果参加医疗保险，您认为自己每年能够承受的基本医疗保险保险费在？

（1）100元以下（2）100~150元（3）150~200元（4）200~300元

（5）300~500元（6）500元以上

E7. 您觉得现有的医疗保障制度哪里需要修改（可多选）？（若无则不用填写）

（1）缴费水平过高

（2）报销比例过低

（3）最高报销限额过低

（4）报销病种过少

（5）报销流程复杂

（6）账户信息不明确

（7）异地报销不便

（8）其他_____

感谢您的配合！祝您身体健康！